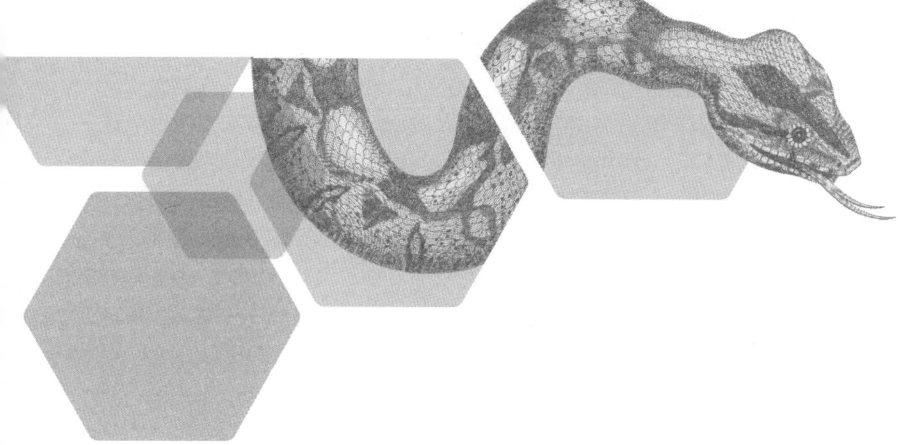

Introdução à Programação para Engenharia

Usando a Linguagem Python

O GEN | Grupo Editorial Nacional – maior plataforma editorial brasileira no segmento científico, técnico e profissional – publica conteúdos nas áreas de ciências exatas, humanas, jurídicas, da saúde e sociais aplicadas, além de prover serviços direcionados à educação continuada e à preparação para concursos.

As editoras que integram o GEN, das mais respeitadas no mercado editorial, construíram catálogos inigualáveis, com obras decisivas para a formação acadêmica e o aperfeiçoamento de várias gerações de profissionais e estudantes, tendo se tornado sinônimo de qualidade e seriedade.

A missão do GEN e dos núcleos de conteúdo que o compõem é prover a melhor informação científica e distribuí-la de maneira flexível e conveniente, a preços justos, gerando benefícios e servindo a autores, docentes, livreiros, funcionários, colaboradores e acionistas.

Nosso comportamento ético incondicional e nossa responsabilidade social e ambiental são reforçados pela natureza educacional de nossa atividade e dão sustentabilidade ao crescimento contínuo e à rentabilidade do grupo.

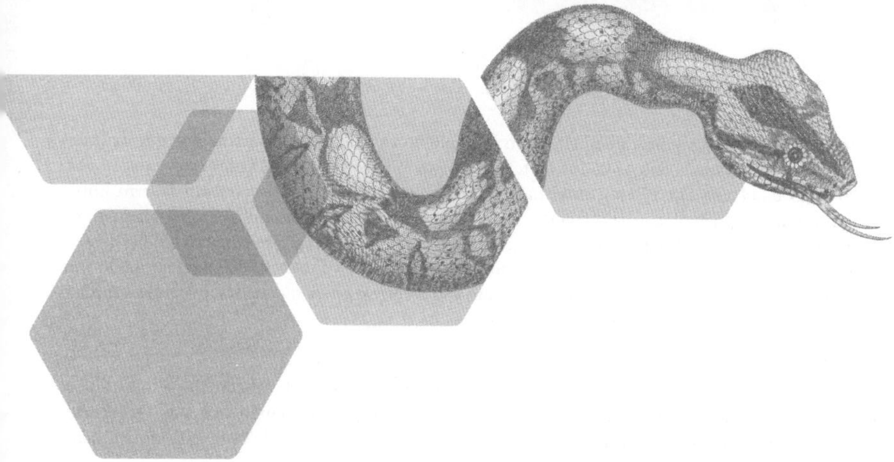

Introdução à Programação para Engenharia

Usando a Linguagem Python

Roberto Fernandes Tavares Neto
Fábio Molina da Silva

gen | LTC

- Data do fechamento do livro: 15/06/2022

- **Atendimento ao cliente: (11) 5080-0751 | faleconosco@grupogen.com.br**

- Capa: Leônidas Leite
- Imagem de capa: © azndc | iStockphoto.com
- Editoração eletrônica: E-Papers Serviços Editoriais

CIP-BRASIL. CATALOGAÇÃO NA PUBLICAÇÃO
SINDICATO NACIONAL DOS EDITORES DE LIVROS, RJ

T231i

Tavares Neto, Roberto Fernandes
Introdução à programação para engenharia : usando a linguagem Python /Roberto Fernandes Tavares Neto, Fábio Molina da Silva. – 1. ed. – Rio de Janeiro : LTC, 2022.
: il. ; 23 cm.

ISBN 978-85 216-3794-3

1. Programação (Computadores). 2. Programação orientada a objetos (Computação). 3. Python (Linguagem de programação de computador) I. Silva, Fábio Molina da. II. Título.

22-77622 CDD: 005.117
CDU: 004.43

Meri Gleice Rodrigues de Souza - Bibliotecária - CRB-7/6439

Material Suplementar

Este livro conta com os seguintes materiais suplementares:

Para todos os leitores:

- *Notebooks* (com exercícios resolvidos) (requer PIN).

Para docentes:

- *Slides* ("Livro de Python").

Os professores terão acesso a todos os materiais relacionados acima (para leitores e restritos a docentes). Basta estarem cadastrados no GEN.

O acesso ao material suplementar é gratuito. Basta que o leitor se cadastre e faça seu *login* em nosso *site* (www.grupogen.com.br), clicando em Ambiente de aprendizagem, no *menu* superior do lado direito. Em seguida, clique no *menu* retrátil ▤ e insira o código (PIN) de acesso localizado na orelha deste livro.

O acesso ao material suplementar online fica disponível até seis meses após a edição do livro ser retirada do mercado.

Caso haja alguma mudança no sistema ou dificuldade de acesso, entre em contato conosco (gendigital@grupogen.com.br).

Sumário

A ideia deste livro

Existem centenas de livro de programação nas livrarias. A grande maioria são manuais técnicos, que se deitam sobre camas de sintaxes e até assustam os leitores com trechos gigantes de códigos nas suas primeiras páginas.

Não é essa a proposta deste livro.

A ideia desta obra é tratar o aprendizado da programação como um aprendizado de uma língua qualquer. Assim, primeiro, o leitor deve *compreender* o que lê, e só depois escrever algo. Como na música e nas artes plásticas, a programação precisa de repetição baseada na compreensão para construir alicerces para a imaginação expandir. E vocabulário para o programador se aprofundar nos tópicos desejados.

Para isso (e contradizendo alguns padrões de ensino de programação), iniciamos explicando como representar informações no Python. Falamos de tipos simples, listas e outras estruturas. Depois, passamos para conceitos básicos de estruturas de controle, funções, classes e tratamento de erros (*exceções*). Enfim, traz todo o ferramental para introduzir elementos de lógica de programação de computadores. Esses conceitos são levados para problemas existentes na engenharia, por meio de exemplos e exercícios propostos. Essa é a primeira parte do livro.

Na segunda parte, vamos além: trataremos a manipulação de arquivos, estabelecemos controle via rede e acessamos bases de dados. Ou seja, saímos do clássico "teclado e tela" para trazer informações de várias fontes diferentes de dados.

Boa leitura!

PARTE I

Python 101

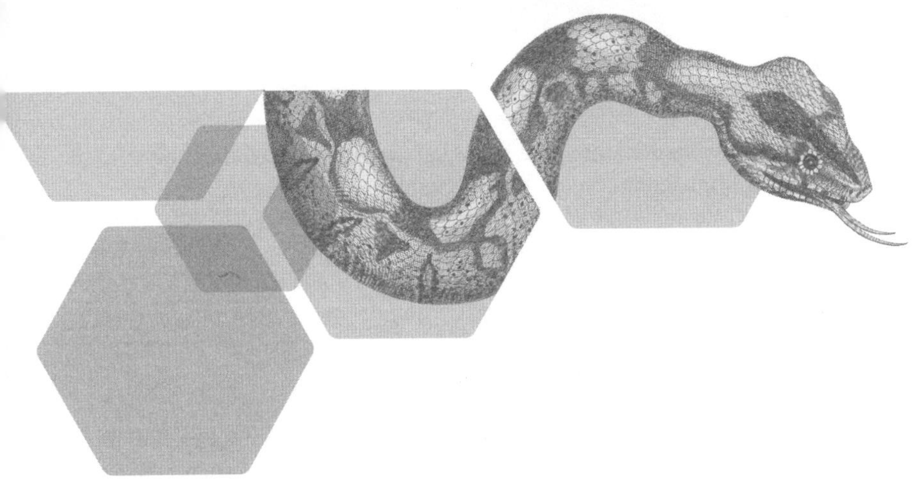

1

Preparando a casa

O primeiro passo para iniciar o aprendizado em uma linguagem de programação é a instalação de seu SDK (*Software Development Kit* - *Kit* de Desenvolvimento de *Software*).

A linguagem Python é uma linguagem do tipo interpretada. Em outras palavras, para a execução de um programa escrito na linguagem Python não é necessário compilar os programas, converter os programas para linguagem de máquina, desta forma, o software interpretador do Python lê os arquivos escritos pelo programador ou em uma estrutura intermediária e os executa comando a comando conforme sua estrutura lógica.

Linguagens de programação do tipo interpretada, geralmente, necessitam um pouco mais de tempo para execução de seus programas quando comparadas com as linguagens de programação que são compiladas (transformadas em código de máquina). Entretanto, como existem interpretadores disponíveis para diferentes plataformas (como, por exemplo, Windows, Linux e Mac OS), um *script* pode facilmente ser executado em todas elas.

Além dessa capacidade de portabilidade da linguagem de programação Python, ela também implementa os conceitos mais modernos das linguagens de programação, por exemplo: programação orientada a objetos com herança múltipla, tratamento de erros e exceções e gerenciamento automático da memória. A isso, junta-se uma comunidade extremamente ativa, que disponibiliza um vasto conjunto de bibliotecas para, por exemplo, manipulação e tráfego de dados. Por exemplo, aplicações ligadas à engenharia normalmente adotam vários pacotes o NumPy (http://www.numpy.org/) e SciPy (https://www.scipy.org/) que auxiliam com manipulações de matrizes e vetores, o Matplotlib que auxilia na elaboração de gráficos, e pacotes de simulação, como o SimPy (https://simpy.readthedocs.io/) que conciliam a produtividade e flexibilidade para modelos de simulação. O Google possui um SDK para aplicações de *Deep Learning* que se utiliza do Python como linguagem principal (https://www.tensorflow.org/). E, se essa lista (incompleta) não estiver suficiente para sua aplicação, o Python também consegue se conectar com outras linguagens como o JAVA, R e o C++.

No momento em que este livro é escrito, duas versões do Python estão disponíveis: a versão 3.x, mais nova e recomendada para novos desenvolvimentos, e a versão 2.x, que foi mantida principalmente para manter os sistemas legados em operação. Você pode encontrar a versão mais recente do interpretador Python na seção "Downloads" do site:

http://www.python.org/

Quando você faz o download do Python pelo site acima, traz junto uma IDE (*Integrated Development Environment* – Ambiente de Desenvolvimento Integrado) chamada IDLE (*Integrated Development and Learning Environment* – Ambiente Integrado de Desenvolvimento e Aprendizagem). Em algumas distribuições linux é necessário instalar a IDLE por meio da seguinte linha de comando: *sudo apt install idle.* O acesso ao IDLE do Python é realizado por meio de um clique no ícone IDLE do Python. A tela inicial do IDLE é mostrada na Figura 1.1:

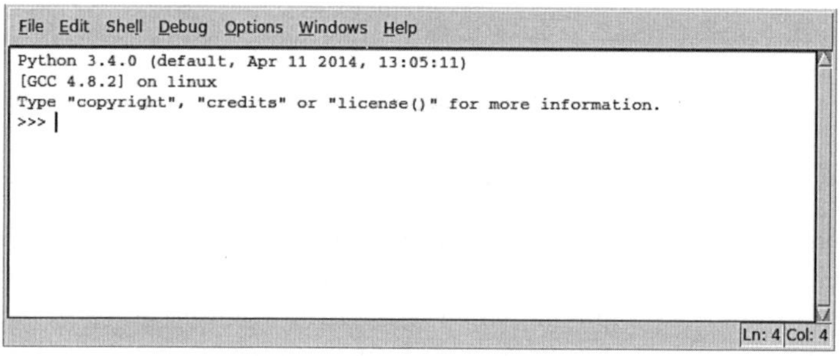
File Edit Shell Debug Options Windows Help
Python 3.4.0 (default, Apr 11 2014, 13:05:11)
[GCC 4.8.2] on linux
Type "copyright", "credits" or "license()" for more information.
>>>
Ln: 4 Col: 4

Figura 1.1. A tela inicial do IDLE.

Nessa janela, tudo o que você escreve seguido de um *enter* é processado pelo interpretador do Python. Veja alguns exemplos na Figura 1.2:

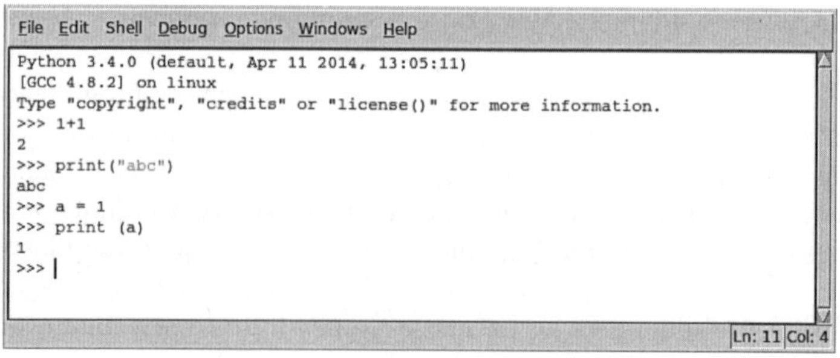
File Edit Shell Debug Options Windows Help
Python 3.4.0 (default, Apr 11 2014, 13:05:11)
[GCC 4.8.2] on linux
Type "copyright", "credits" or "license()" for more information.
>>> 1+1
2
>>> print("abc")
abc
>>> a = 1
>>> print (a)
1
>>>
Ln: 11 Col: 4

Figura 1.2. A tela inicial do IDLE.

Vamos analisar, linha a linha, o que aconteceu na Figura 1.2:

> > > **1+1** *escreve o resultado de "1+1"*

> > > **print("abc")** *Chama uma função "print", que escreve na tela os "valores" que são passados como parâmetros – ou seja, nesse caso, escreve na tela "abc"*

> > > **a = 1** *Cria uma variável denominada "a" na memória do computador para armazenar valores numéricos e atribui a esta variável o valor 1 (não escreve nada a mais na tela)*

> > > **print (a)** *Escreve o valor da variável "a"*

O comando `print`

Provavelmente o comando mais utilizado neste livro é o comando `print`. Como sua tradução sugere, o `print` serve para escrever algo na saída padrão (no caso, a saída padrão do Python é a tela do computador).
Formalmente, o comando `print` é especificado como:

print(*objects, sep=' ', end='\n', file=sys.stdout)

Em que:

- `*objects` significa uma lista de valores (e/ou variáveis).
- `sep=' '` identifica qual o caractere que o Python colocará entre cada valor escrito.
- `end='\n'` indica o caractere que o Python deve usar para finalizar a linha ('\n' é o caractere que faz o computador mudar a linha).
- `file=sys.stdout` indica onde o `print` deve escrever as informações.

Alguns exemplos:

print (1, 2, 3)
» 1 2 3

print (1, 2, 3, sep=";")
» 1;2;3

Para evitar que o comando `print` inicie uma nova linha, faça o seguinte:

print (1, 2, 3, end=)

Uma das formas de se executar procedimentos em Python é inserir os comandos, linha por linha, como foi feito na Figura 1.2. Ela é chamada de *modo iterativo* do Python. Mas, em termos práticos, essa forma de trabalho é, no mínimo, pouco eficiente. A forma mais utilizada para programação em Python é por meio de *elaboração de scripts*. Um *script* é um arquivo texto (que você consegue ler e editar no seu editor de texto favorito, como o *notepad*, *gedit* ou similares) que é processado, linha a linha, pelo Python. Embora qualquer editor de texto[1] possa ser usado, é interessante usar um editor próprio para o Python.

Existem várias IDEs específicas para o desenvolvimento em Python, como exemplo o PyCharm (https://www.jetbrains.com/pycharm/) ou módulos de extensão de IDEs tradicionais para suportarem a linguagem Python, como exemplo o Netbeans (http://plugins.netbeans.org/plugin/61688/python). O próprio IDLE possui um editor para *scripts*. Para acessá-lo, vá em File » New File. Você deve ver uma janela como a mostrada na Figura 1.3:

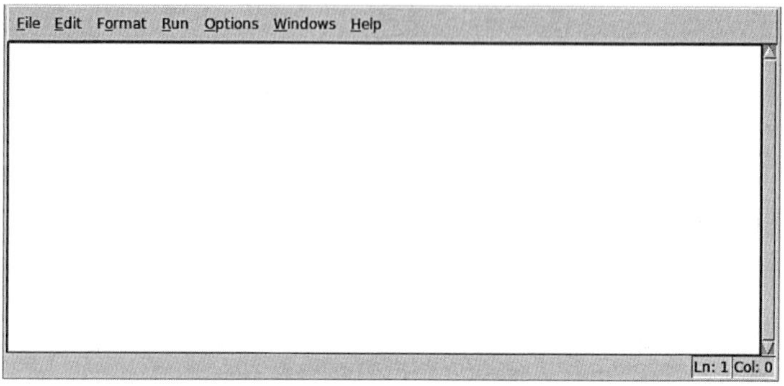

Figura 1.3. O editor de *scripts* do IDLE.

Como exemplo, insira o seguinte texto na janela do editor de *scripts*:

Script 1.1: ex1.py

```
a = 1
print(a)
a = a + 2
print(a)
```

O resultado final deve estar parecido com a Figura 1.4.

[1]Lembre-se de que, ao utilizar processadores de texto como o LibreOffice ou o Microsoft Word, devemos salvar os arquivos em formato de texto "puro". Arquivos de textos *processados* são arquivos de codificação especial que são interpretados como textos. Ou seja, salvo se forem utilizadas configurações especiais, eles não podem ser usados para a criação de *scripts* Python.

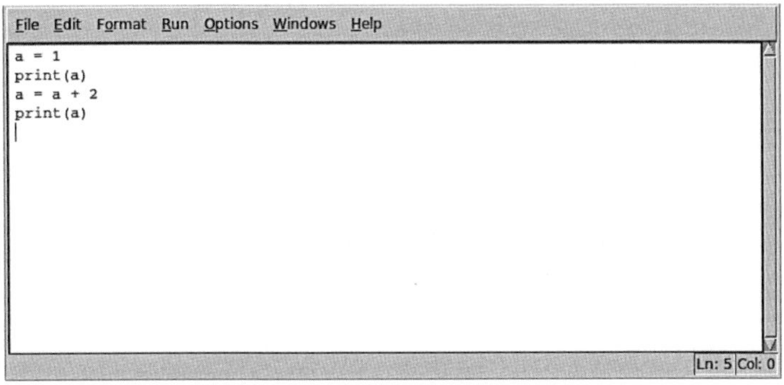
File Edit Format Run Options Windows Help
a = 1
print(a)
a = a + 2
print(a)
Ln: 5 Col: 0

Figura 1.4. Um primeiro *script* no IDLE.

Pronto, tarefa "escrever o primeiro *script*" concluída!

Exercício 1.1. Antes de executar o *script*, o analise. Ele vai escrever dois números na tela. Quais são eles?

Para tirar a prova, vá no menu Run » Run Module. A janela do modo iterativo vai escrever o resultado do seu *script*. O resultado deve ser algo como o mostrado na Figura 1.5:

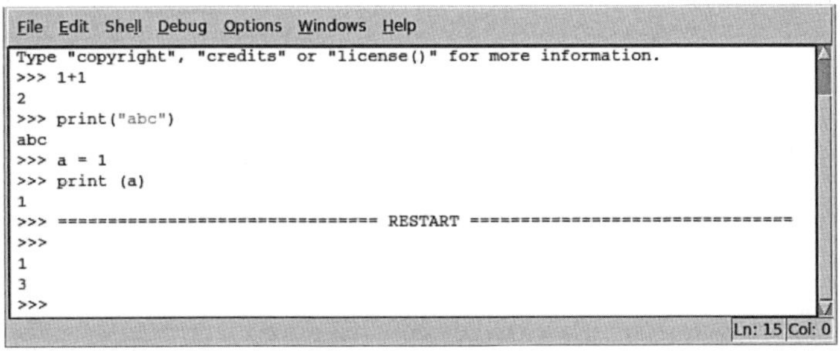
File Edit Shell Debug Options Windows Help
Type "copyright", "credits" or "license()" for more information.
>>> 1+1
2
>>> print("abc")
abc
>>> a = 1
>>> print (a)
1
>>> ================================ RESTART ================================
>>>
1
3
>>>
Ln: 15 Col: 0

Figura 1.5. A tela inicial do IDLE após a execução do *script*.

Observe que o Python escreveu um conjunto de novas linhas, iniciando pela linha `===RESTART===`. Logo abaixo, está escrito `1` e `3`. Analise o *script* da Figura 1.4 e busque entender qual linha do *script* escreve cada uma das linhas da Figura 1.5. Para voltar ao *script* selecione o nome do arquivo no menu Windows da IDLE.

Se tudo deu certo, até agora você conseguiu entender o primeiro *script* Python, e o executou no seu computador. No Capítulo 2, vamos analisar como o Python representa informações.

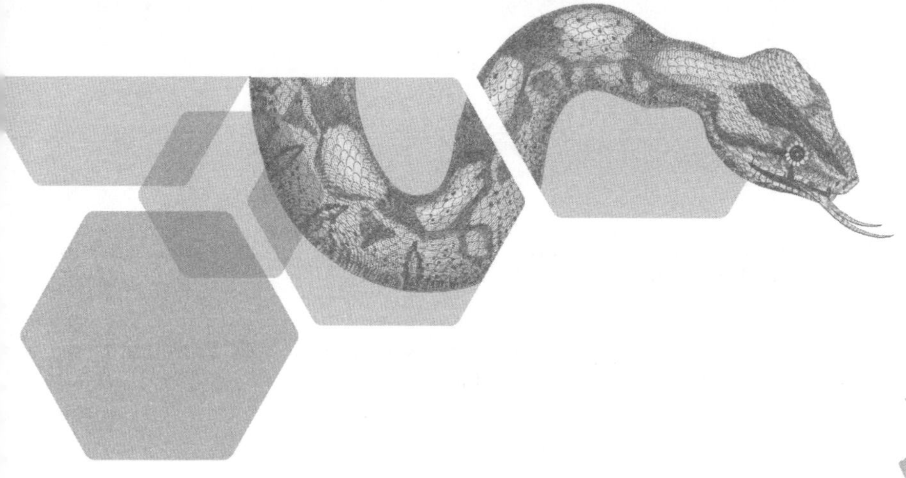

2

Como o Python vê o mundo

2.1 Variáveis

Em programas computacionais as variáveis são criadas para viabilizar o processamento/armazenamento de dados. De forma simples, em linguagens de programação a declaração de uma variável é o ato de: (1) reservar um segmento da memória RAM (*Random Access Memory*), e (2) associar esse espaço a um identificador (o "nome da variável"). Na maioria dos programas que você irá desenvolver, a reserva de memória RAM ocorre sem que o programador tenha de se preocupar em alocar/liberar espaço. O interpretador Python, em conjunto com o sistema operacional, aloca espaço, associa o nome da variável ao endereço físico e, em um momento conveniente, libera esse espaço. Em outras linguagens (como por exemplo a linguagem C), o programador muitas vezes é responsável por determinar o momento de reservar e liberar os espaços de memória necessários. Como no Python esse procedimento é realizado automaticamente, o programador não precisa se preocupar com erros na gestão de memória do computador.

Assim como no caso das variáveis, outros elementos da linguagem Python (como classes e funções) são nomeados por identificadores. No Python, o nome de qualquer identificador deve começar obrigatoriamente com uma letra (*caractere alfabético*) podendo ser seguido de caracteres alfanuméricos (letras e números) e o *underline* ("_"). A utilização de espaço ou caracteres especiais (como exemplo "@", "-", "+", ".", ";"...) não são aceitos. As palavras que representam elementos do Python como por exemplo o `for`, `if`, `int` e o `print` (chamadas *palavras reservadas*) não podem ser utilizadas como identificador.

O Python é *case sensitive*. Isso significa que ele faz diferenciação entre letras maiúsculas e minúsculas. Implemente o *script* 2.1 e verifique que os valores entre as variáveis "a" e "A" são diferentes, ou seja, os identificadores "a" e "A" estão direcionados a endereços de memória diferentes.

Script 2.1: case-sensitive.py

```
a = 1
A = 5
print ("Variável a - valor --> ", a)
print ("Variável A - valor --> ", A)
```

A utilização de acentos em identificadores no Python são aceitos. Entretanto, essa prática não é recomendada entre os programadores.

Uma variável no Python pode ser dos seguintes tipos:

Tabela 2.1. Nome de identificadores

Identificadores Válidos	Identificadores Inválidos
A	1A
Nota1	1Nota
Media_Final	Média Final
Aluno	Aluno-Curso
a12b12	a12/b12
escreva	print

Exercício 2.1. Explique os erros de sintaxe para os identificadores que são inválidos na Tabela 2.1.

Exercício 2.2. Marque com X os identificadores válidos para a linguagem Python.

( ) media	( ) x2	( ) xYZ
( ) salario-min	( ) Km/h	( ) W_12
( ) Nome Carro	( ) 4x4	( ) Alun@s
( ) SalaQ	( ) "Média Final"	( ) A13bq2_1

Exercício 2.3. Classifique corretamente o tipo de cada uma das variáveis:

1. Salario_Minimo
2. Nome_Aluno
3. Sexo_Masculino
4. idade
5. Cidade_Natal
6. Hora_Consulta
7. Codigo_Curso
8. Peso
9. Ano_Nascimento

2.1.1 Tipos de variáveis

Se você já programou em linguagens como C/C++, JAVA e Pascal, deve estar querendo saber "*como eu declaro que uma variável é inteira?*".

No Python, você não declara.

A linguagem Python é o que chamamos de *Dinamicamente Tipada*. Isso significa que o tipo da variável pode mudar durante a execução do *script*. E o próprio interpretador Python "decide" o tipo de sua variável. Veja o código a seguir:

Script 2.2: tipos.py

```
a = 1        #a é inteiro
a = 1.0      #a é float
a = "1"      #a é string
```

Nesse *script*, vale uma explicação extra: todo conteúdo seguido pelo caractere cerquilha "#" é interpretado pelo Python como um comentário até o final da linha. Esses comentários servem para documentar o seu programa de modo a facilitar que outras pessoas entendam sua lógica utilizada. O interpretador Python não processa conteúdo de comentários.

Ainda sobre esse *script*, a variável *a* recebe três valores diferentes: na primeira linha, *a* vale o número inteiro **1**. Na segunda linha, o tipo da variável é outra, e seu valor é **1.0**. Note que, embora o que é representado seja o mesmo valor, a representação do número na memória do computador é diferente (**1.0** é entendido como o tipo de número real, chamado entre os programadores de tipo de *float* - um número que possui casas decimais). Algo semelhante ocorre na terceira linha, onde *a* recebe o *caractere* **1**. E, novamente, "1" $\neq$ 1. Na verdade, para o computador, "1" vale 49, seu valor em ASCII.[1]

Uma variável no Python pode ser dos seguintes tipos:

Tabela 2.2. Tipos de Variáveis

Tipo	**Exemplo**
Booleano	True, False
Inteiro	1
Ponto flutuante	1.23
Número complexo	3+12J
String	"12"

[1]De forma bem simples, a *tabela ASCII* é uma tabela que transforma em números todos os símbolos que o computador reconhece.

Para operações aritméticas simples, o Python possui os seguintes operadores:

Tabela 2.3. Operadores Aritméticos do Python

Operador	Descrição
+	Soma
-	Subtração
*	Multiplicação
/	Divisão
//	Divisão de inteiros
%	Retorna o resto de uma divisão de inteiros
**	Exponenciação

Para entender melhor os operadores aritméticos, implemente o *script* a seguir e execute-o no Python.

Script 2.3: operacoes-1.py

```
a = 1.0     #a vale 1
b = a + 1.0 #soma
c = b - 3.0 #subtração
d = b / 2   #divisão
e = a % b   #resto (retorna o resto da divisão inteira)
f = b ** 2  #exponenciação (em outras linguagens é equivalente a b^2)

print (a, b, c, d, e, f)
```

No *script* 2.4, mostramos um exemplo de uso de duas operações básicas com o Python: a **divisão** e o **resto**. A ideia é simples: precisamos de saber quantas notas de cada tipo são necessárias para um caixa dar um troco de R$135,00. Perceba que esse *script* possui 5 trechos muito parecidos, cada um referente a cada tipo de cédula disponível para troco. Vamos analisar o bloco referente à cédula de R$100,00:

- Na linha 5, o *script* calcula quantas cédulas de R$100,00 devem ser entregues. Para isso, divide por 100 e pega apenas a parte inteira do resultado;
- Na linha 6, o *script* verifica quanto não foi possível entregar de troco usando cédulas de R$100,00. Ou seja, 135%100 = 35.

Script 2.4: maquinatroco1.py

```
1 #Uma máquina de troco
2
3 valor = 135.0
4 #Calculando o número de notas de 100
5 notas100 = int(valor / 100)
6 valor = valor % 100
7 print ("Entregar ", notas100, " notas de 100")
```

```
8 #Calculando o número de notas de 50
9 notas50 = int(valor / 50)
10 valor = valor % 50
11 print ("Entregar ", notas50, " notas de 50")
12 #Calculando o número de notas de 20
13 notas20 = int(valor / 20)
14 valor = valor % 20
15 print ("Entregar ", notas100, " notas de 20")
16 #Calculando o número de notas de 10
17 notas10 = int(valor / 10)
18 valor = valor % 10
19 print ("Entregar ", notas10, " notas de 10")
20 #Calculando o número de notas de 5
21 notas5 = int(valor / 5)
22 valor = valor % 5
23 print ("Entregar ", notas5, " notas de 5")
```

Exercício 2.4. Algo semelhante é feito nas próximas linhas desse *script* com as demais notas. Analise o código, o execute e descubra quanto vale a variável `valor` após as linhas 6, 10, 14, 18 e 22.

Além dos operadores aritméticos, existem os operadores lógicos, aqueles que são utilizados para escrever expressões lógicas, que comparam variáveis do mesmo tipo. O resultado de uma *expressão lógica* é um *valor lógico* (tipo `booleano`) isto é, `True` e `False`.

Tabela 2.4. Operadores Lógicos

Operador	**Descrição**
==	Igual
!=	Diferente
<	Menor
>	Maior
<=	Menor igual
>=	Maior igual
not	Negação
or	Operador ou
and	Operador e

Implemente o *script* 2.5 e entenda as operações lógicas. Nas linhas 5 e 6 são apresentadas uma relação de igualdade, na linha 7 uma relação de maior, na linha 8 uma relação de diferença, na linha 9 uma negação do resultado da relação de igualdade e nas linhas 9 e 8 expressões lógicas com mais de um termo, ora utilizando um conectivo de conjunção (`and` – as relações devem ser verdadeiras para o resultado ser verdadeiro) e ora utilizando um conectivo de disjunção (`or` – pelo menos uma sentença deve ser verdadeira para o resultado ser verdadeiro).

Script 2.5: operadoreslogicos.py

```
A = 10
B = 15
C = 10

print("O valor da variável A é igual ao valor da variável B   - ", A==B)
print("O valor da variável A é igual ao valor da variável C   - ", A==C)
print("O valor da variável A é maior que o valor da variável C  - ", A > C)
print("O valor da variável A não é igual ao o valor da variável C - ", A != C)
print("O valor da variável A não é igual ao valor da variável C - ", not(A==C))
print("O valor da variável A é igual ao valor da variável C e O valor da variável A é menor que B - ", (A==C) and (A > B))
print("O valor da variável A é igual ao valor da variável C ou O valor da variável A é menor que B - ", (A==C) xor (A > B))
print("O valor da variável A + 5 é igual ou maior que o valor da variável B - ", A + 5 >= B)
```

Exercício 2.5. Considere as variáveis lógicas P, Q, S e R contendo, respectivamente, os valores True, False, True e False. Marque com T as expressões que resultarem em verdadeiro e F aquelas que resultarem em falso.

( ) P == Q ( ) P == S

( ) P != S ( ) P != Q

( ) P or S ( ) not (P or S)

( ) Q or R ( ) (P or Q) and (S or R)

( ) Q and S ( ) (P and Q) or (S and R)

( ) not(Q or R) ( ) not(P or Q) and (S or R)

Exercício 2.6. Considere A, B, C e E como variáveis numéricas contendo respectivamente os valores 5, 10, 0 e 5. Marque com T as expressões abaixo que resultarem em verdadeiro e F aquelas que resultarem em falso.

( ) A == B ( ) A == E

( ) A != B ( ) A != E

( ) B > A ( ) not (B < A)

( ) C + A == B ( ) (AˆB == A/E)

( ) A + B == 3 * C ( ) (B % A) != D

( ) A + C - AˆC == B ( ) C ˆA >= B

2.1.2 Múltiplas atribuições no Python

O Python permite atribuir valores a múltiplas variáveis em uma única linha. Embora possa parecer estranha, a sintaxe do *script* 2.6 é válida e adotada por vários desenvolvedores.

Script 2.6: atribuicaoMultipla.py

```
a, b = 2, 1
#   a recebe o valor 2
#   b recebe o valor 1

#A linha abaixo troca os valores das variáveis a e b em um único
    comando:
a, b = b, a
```

2.1.3 Atribuições condicionais

Outra forma de atribuir valores a variáveis no Python é a chamada **atribuição condicional**. A ideia aqui é simples, embora também seja algo que não está presente em várias linguagens. Um exemplo simples é mostrado no *script* 2.7:

Script 2.7: atribuicaoCondicional.py

```
#Atribui 1 para a variável a
a = 1

#Se a for maior que 0, atribui o valor 2 para a variável b. Senão,
    atribui 0
b = 2 if a > 0 else 0

#Atribui uma mensagem diferente para a variável m conforme o valor da
    variável a
m = "Baixo" if a < 5 else "Alto"
```

2.2 Entrada de dados

Até o momento, vimos como um programa feito do Python apresenta seus resultados na tela. Porém, não faz muito sentido escreverem programas com variáveis que assumem somente valores fixos. Assim, é comum falar que um programa possui três etapas distintas: *entrada de dados, processamento* e *saída de dados.* Um uso muito comum para a entrada de dados é por meio da função `input` a qual recebe um texto do teclado (em um tipo de dado chamado de *string*). Algumas vezes, o formato tipo *string* não será adequado para o processamento de informações (por exemplo, para fazer operações aritméticas). Por exemplo, o Python não consegue pegar o texto "1" e somar com o texto "2", formando o texto "3". Para o computador, "1" é um dado com valor 49. Para fazer "1" + "2" = 3, é necessário "traduzir" os valores em texto para outra variável para um tipo numérico, conforme desejado. Para isso, o Python possui algumas funções úteis:

- `y = int(x)`: faz a variável `y` receber `x` transformado em inteiro;
- `y = float(x)`: faz a variável `y` receber `x` transformado em número com ponto flutuante;
- `y = str(x)`: faz a variável `y` receber `x` transformado em *string*.

Veja o *script* 2.8. Ele lê um valor do teclado, tenta somar "1" ao mesmo e depois escreve na tela.

Script 2.8: conv-erro.py

```
varEntrada = input("Qual sua idade?")
idadeMaisUm = varEntrada + 1
print("Se você tivesse um ano a mais, teria ", idadeMaisUm, "anos")
```

Ao entrarmos com um valor numérico, o interpretador Python retorna o erro a seguir:

TypeError: Can't convert 'int' object to str implicitly

Esse erro ocorreu porque tentamos realizar uma operação numérica (no caso, uma adição) com uma variável do tipo *string*, da mesma forma que foi explicado anteriormente. Para conseguir realizar a operação, devemos, antes de tentar realizar a adição, converter a *string* para inteiro. O código correto é mostrado no *script* 2.9. Note que a única diferença entre os *scripts* 2.8 e 2.9 é a linha 2 do segundo *script*, que converte o texto digitado em valor numérico.

Script 2.9: conv.py

```
1 varEntrada = input("Qual sua idade?")
2 varInteira = int(varEntrada)
3 idadeMaisUm = varInteira + 1
4 print("Se você tivesse um ano a mais, teria ", idadeMaisUm, "anos")
```

Exercício 2.7. Faça um programa que leia dois números e imprima a média entre eles.

Exercício 2.8. Faça um programa que leia os três lados de um triângulo retângulo e imprima seu perímetro e sua área.

Exercício 2.9. Faça um programa que para um determinado valor de empréstimo (Valor_Emprestado), uma taxa de juros ao mês (Taxa_Juros) e um prazo em meses (Prazo) para pagamento calcule o total a pagar utilizando a fórmula de juros simples ($Valor * (1 + Taxa\_Juros * Prazo)$).

Exercício 2.10. Faça um programa que para um determinado valor de empréstimo (Valor_Emprestado), uma taxa de juros ao mês (Taxa_Juros) e um prazo em meses (Prazo) para pagamento calcule o total a pagar utilizando a fórmula de juros composto ($Valor * (1 + Taxa\_Juros)^{\text{Prazo}}$).

Exercício 2.11. Faça um programa que leia uma distância a ser percorrida, a velocidade de um veículo e indique o tempo de viagem.

Exercício 2.12. Altere o *script* 2.4 para que o valor do total em dinheiro seja digitado pelo teclado.

2.3 *Strings*

Nesta seção tratamos das variáveis do tipo texto ou cadeia de caracteres, também chamado de tipo *strings*. Usando um pouco mais formalismo, o tipo *string* no Python é uma instância (um objeto) de uma classe denominada *string* (não se preocupe, classes e objetos serão tratados no Capítulo 6). De forma muito simples, uma classe é um tipo de estrutura computacional que possui dados e funções (chamados métodos, de novo, veremos mais sobre isso no Capítulo 6). No caso da classe *string*, além de armazenar um texto, ela fornece diversos mecanismos para manipulação do texto.

A seguir, apresentamos algumas das principais formas de se transformar valores de *strings*.

2.3.1 Concatenação

A operação concatenação de *strings* (ou seja, "juntar" dois textos, um depois do outro) é realizada usando o operador "+". Veja alguns exemplos na Figura 2.1, onde concatenações são realizadas no modo iterativo do Python:

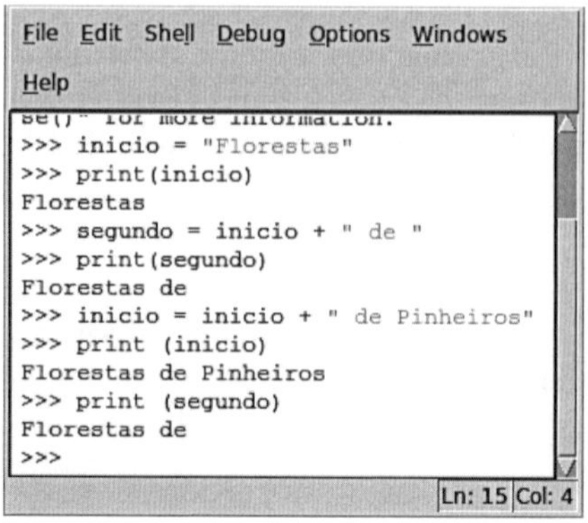
File Edit Shell Debug Options Windows
Help
>>> inicio = "Florestas"
>>> print(inicio)
Florestas
>>> segundo = inicio + " de "
>>> print(segundo)
Florestas de
>>> inicio = inicio + " de Pinheiros"
>>> print (inicio)
Florestas de Pinheiros
>>> print (segundo)
Florestas de
>>>
Ln: 15 Col: 4

Figura 2.1. Exemplos de concatenação de *strings* no Python.

Vamos analisar cada um dos comandos mostrados na Figura 2.1:

- `inicio = "Florestas"` – cria uma variável chamada `inicio` e diz que seu valor (ou seja, atribui a ela o valor) é `Florestas`. Note que as aspas **não** fazem parte do valor da variável – elas servem para informar ao Python que `Florestas` é uma *string*, não uma variável. Se o comando fosse `inicio = Florestas`, o Python buscaria o valor de uma variável chamada `Florestas` e copiaria seu valor na variável `inicio`.

- `segundo = inicio + " de "` – cria uma variável `segundo` cujo valor é a junção do valor do início com a *string* `" de "`. Logo, `segundo = " Florestas "+ " de "`, ou seja, `segundo = "Florestas de "`.

- `inicio = inicio + " de Pinheiros"` – essa construção pode causar um pouco de estranheza para quem nunca trabalhou com uma linguagem de programação. A sequência de processamento é: primeiro, o Python processa a instrução `inicio + " de Pinheiros"` e armazena em um espaço da memória. Depois, atribui à variável `inicio` o endereço dessa memória. Uma forma para entender melhor essa linha é pensar que a variável `inicio` do lado direito da equação se trata do valor *atual* da variável; a variável `inicio` do lado esquerdo, indica o valor atualizado.

Exercício 2.13. Faça um programa que solicite ao usuário que digite seu nome, armazenando em uma variável chamada `sNome`. Depois emita a seguinte mensagem: "Bom dia "+ sNome + "!" conforme mostrado a seguir:

```
File Edit Shell Debug Options Window Help
Python 3.6.7 (default, Oct 22 2018, 11:32:17)
[GCC 8.2.0] on linux
Type "help", "copyright", "credits" or "license()" for more information.
>>>
===================== RESTART: /home/fabio/teste.py =====================
Digite seu nome: Fábio
Bom dia Fábio !
>>> |
```

2.3.2 *Substrings*

Outra operação que aparece com frequência quando trabalhamos com *strings* é a extração de *substrings*, ou seja, "pedaços" do texto original. No Python, isso é tratado de forma bem simplificada, usando o operador [ ]. Com esse operador, é possível acessar caracteres ou conjunto de caracteres a partir de parâmetros de referência de seus elementos no vetor. O formato é `Parte = Todo[inicio:fim]`, onde `Todo` é a *string* original, `Parte` o trecho selecionado de `Todo` e `inicio` e `fim` delimitam os trechos a serem extraídos. Tanto `inicio` quanto `fim` são valores numéricos que podem estar armazenados em variáveis. O `inicio` a posição do vetor e o `fim` indica que a *substring* irá até o enegésimo caractere da *string* original. Se forem vazios, o Python atribuirá a `início` o valor zero e a `fim` o maior índice da *string*. Quando os valores de início e fim forem negativos o endereço de referência ou a ordem serão determinados pelo tamanho da cadeia de caracteres menos o valor de referência.

Veja um exemplo nas Figuras 2.2 e 2.3:

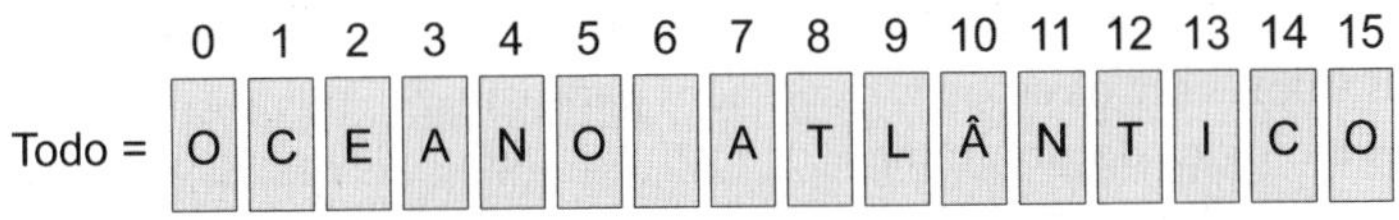

Figura 2.2. Como o Python indexa cada elemento de uma *string*.

```
File Edit Shell Debug Options Windows
Help
>>> todo="OCEANO ATLANTICO"
>>> print(todo[2])
E
>>> print(todo[:2])
OC
>>> print(todo[2:])
EANO ATLANTICO
>>> print(todo[-3:])
ICO
>>> print(todo[3:8])
ANO A
>>> |
                                    Ln: 15 Col: 4
```

Figura 2.3. Exemplos de *substrings* no Python.

No exemplo apresentado nas Figuras 2.2 e 2.3 à variável todo é atribuído o endereço da cadeia de caracteres [OCEANO ATLANTICO]. Note na Figura 2.2 que a referência para o primeiro elemento da cadeia de caracteres, sublinhado em [OCEANO ATLANTICO], está no endereço (index) 0 e o último caractere, sublinhado em [OCEANO ATLANTICO] está no endereço 15. Note também que a cadeia de caracteres contém 16 caracteres pois o espaço em branco entre as palavras OCEANO e ATLANTICO é um caractere. Em outras palavras, a cadeia de caracteres começa no endereço 0 e termina no endereço que corresponde ao tamanho da cadeia, número de caracteres da cadeia, menos 1.

Na Figura 2.3 o comando *print(todo[2])* imprime na tela o caractere armazenado na posição 2 da *string* que é o caractere "E". O comando *print(todo[3:8])* imprime a cadeia de caracteres iniciando no endereço 3 até ao oitavo (8) caractere na cadeia. Atenção, não é até o endereço 8 é até ao oitavo caractere na cadeia. Quando omitido o `inicio` ou o `fim` são considerados os valores mínimo (0) e máximo (16 para a *string* exemplo) de referência para a *string*, exemplo *print(todo[:2])* – imprime do endereço 0 até o segundo caractere e *print(todo[2:])* – imprime a partir do caractere localizado no endereço 2 até o caractere 16.

Por fim – e essa característica do Python costuma causar estranheza aos programadores de outras linguagens – o comando *print(todo[–3:])* retorna os três últimos elementos. Para entender melhor, basta pensar que o valor "–3"será o tamanho da cadeia de caracteres, no caso 16, subtraído o valor de –3, portanto o `inicio` seria na posição 13 e até o `fim` seria até o 16° caractere.

2.3.3 Métodos para trabalhar com *strings*

O tipo *string* na linguagem Python é um objeto, conceitos oriundo da Programação Orientada a Objeto (POO). Um objeto em programação é uma instância de uma classe (conjunto de elementos com mesmas características) denominada `str` e geral, o tipo *string* é um caso especial do tipo listas para o Python. Um objeto é formado por valores e métodos. Os valores são os espaços reservados para armazenamento dos dados que serão processados na lógica do programa e os métodos são implementações que manipulam esses valores. O Python possui vários métodos para se trabalhar com *strings*. Os métodos são acessados digitando o nome da variável do tipo *string* seguido de ponto e o nome do método com os seus devidos parâmetros – `NomeVariável.Métodos()`. Os métodos da classe `str` podem formatar saída dos caracteres, contar caracteres, sustituir caracteres e até mesmo separar ou unir cadeias de caracteres.

A seguir, listamos alguns deles. Veja como esses comandos são usados no *script* 2.10.

Métodos para formatação de *strings*

Tabela 2.5. Métodos Relacionados com a Formatação das *strings*

Método	Descrição
capitalize()	Faz o primeiro caractere da *string* ficar em maiúsculo, o resto em minúsculo
center(x)	Faz o texto ficar centralizado em uma linha de largura "x" caracteres
lstrip()	Remove os espaços antes e depois da *string*
lstrip(x)	Remove os primeiros caracteres da *string*, enquanto eles forem "x"
replace(x,y)	Substitui os caracteres x por y
upper()	Faz o texto ficar todo em maiúsculas
lower()	Faz o texto ficar todo em minúsculas

Script 2.10: string-1.py

```
#!/usr/bin/env python3
texto="são PAULo"
print (texto)
texto_cap=texto.capitalize()
print (texto_cap)
texto_cent=texto.center(40)
print (texto_cent)
texto_low=texto.lower()
print (texto_low)
texto_up=texto.upper()
print (texto_up)
texto_div=texto.rsplit()
print (texto_div)
print ("----------------\n")

texto2="     aqui"
print (texto2)
texto2_ls=texto2.lstrip()
print (texto2_ls)
print ("----------------\n")

texto3="www.ufscar.br"
print(texto3)
texto3_ls=texto3.lstrip("w.")
print(texto3_ls)

texto4="Abacate"
print(texto4)
texto4_rp=texto4.replace("a","_")
print(texto4_rp)
```

Os resultados da execução do *script* são os seguintes:

```
são PAULo
São paulo
são PAULo
são paulo
SÃO PAULO
['são', 'PAULo']
----------------

aqui
aqui
----------------

www.ufscar.br
ufscar.br
Abacate
Ab_c_te
```

Métodos relacionados com *substrings*

A Tabela 2.6 resume alguns dos métodos usados pelo Python para identificar *substrings* dentro de *string*. O código abaixo mostra dois exemplos. Note que o resultado do método `split()` é no formato de uma *lista*. Essa estrutura será apresentada na Seção 4.2.

Script 2.11: string-2.py

```
#!/usr/bin/env python3
texto = "Amazônia"
print(texto.find("a")) #Escreve 2
print(texto.rfind("a"))#Escreve 7
print("A B C".split()) #Escreve ['A', 'B', 'C']
```

Tabela 2.6. Métodos Relacionados com *substrings*

Método	Descrição
count(x)	Conta o número de vezes que x existe na *string*
endswith(x)	Retorna True se a *string* termina com x
find(x)	Retorna o índice mais baixo da *substring* x na *string*; -1 se x não é encontrado
index(x)	Como find(x), mas retorna ValueError se não existir
rfind(x)	Como find(x), mas retorna o maior índice, não o menor
rindex(x)	como index(x), mas retorna o maior índice, não o menor
split()	Divide a *string* em palavras (o separador é qualquer caractere branco)
split(x)	Divide a *string* em palavras (o separador é a *string* *x*)
len(x)	Retorna o número de caracteres da *string* *x*

2.4 Exercícios

Exercício 2.14. Implemente em Python que leia cada os valores das incógnitas das equações abaixo considerando seus valores como inteiro e apresente o resultado das funções:

a) $f(x) = x + 3$ b) $f(x) = x^3$

c) $f(x, y) = x + y * 3$ d) $f(x, y) = x^y$

e) $f(x) = \sqrt[3]{x * 5}$ f) $f(x, y, z) = x^y + \frac{3}{z}$

Exercício 2.15. Implemente um algoritmo que leia o nome completo de uma pessoa e imprima a quantidade de vogais existente nesse nome. Por exemplo, suponha que o nome seja "Isaac Newton" a saída do programa deverá ser: a 2, e 1, o 1.

Exercício 2.16. Implemente um algoritmo que leia o nome completo de uma pessoa e imprima o último nome em letras maiúsculas. Por exemplo, suponha que o nome seja digitado assim: "Isaac Newton" a saída do programa deverá ser: "NEWTON".

Exercício 2.17. Faça um programa de descriptografe uma mensagem escrita na língua do P. Por exemplo, a seguinte mensagem é transmitida (input): "PÊToPÊdo PÊenPÊgePÊnheiPÊro PÊsaPÊbe PÊtruPêco" o resultado deve ser: Todo engenheiro sabe truco.

Exercício 2.18. Faça um programa que criptografe e descriptografe uma frase conforme tabela a seguir:

ORIGEM	DESTINO
a, A	@
e, E	-
i, I	!
o, O	0
u, U	1

(Por exemplo, "UFSCar" seria criptografada para 1FSC@r.)

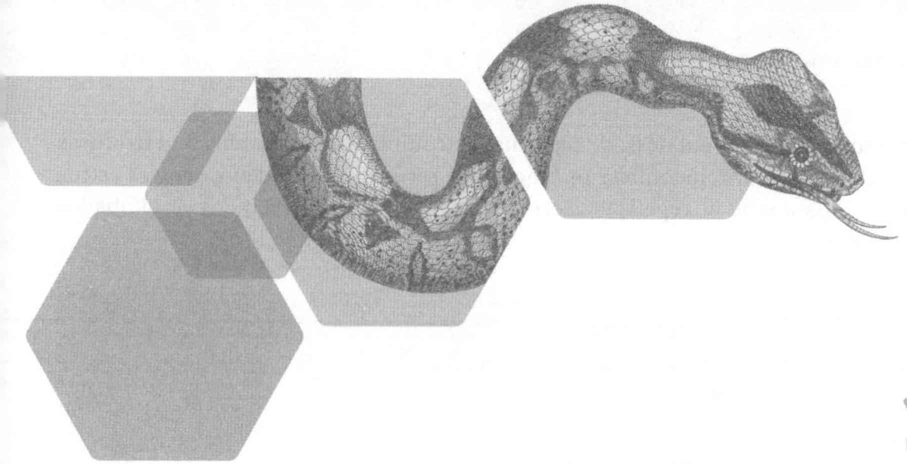

3 Estruturas fundamentais

3.1 Introdução

São estruturas fundamentais de qualquer programa: o **bloco sequencial de comandos**, **instruções condicionantes** e **instruções de repetição** de segmentos de programa. O bloco sequencial indica uma sequência de instruções de programação que devem ser executadas. As instruções condicionantes determinam as condições necessárias para a execução de um bloco de comandos e as instruções de repetição indicam os critérios para repetição de um bloco de comando.

3.2 Blocos de código

Provavelmente uma das diferenças mais expressivas na sintaxe do Python em relação as outras linguagens de programação é a representação de *blocos de código*. No Python, os blocos são delimitados pela tabulação. Em linguagens como o C/C++, java, visual basic, os blocos de código são delimitados por caracteres "{" e "}" ou por palavras reservadas, como no caso da linguagem Pascal o qual o início do bloco é expresso por `begin` e o final do bloco expresso por `end`.

A tabulação dos programas é algo necessário para realizar a organização das linhas de código. Desta forma, os blocos sequenciais são organizados de maneira integrada durante o desenvolvimento do programa. Diferente das linguagens citadas, nas quais a organização do código (em termos de apresentação) não é integrada e obrigatória ficando a cargo da "boa vontade" e experiência do programador.

O *script* 3.1 mostra um exemplo de programa formado somente pelo bloco principal. Note que todas as instruções estão alinhadas à esquerda e que cada linha contém uma e somente uma instrução (o fim de linha simboliza o final da instrução).

Quando incluirmos em nossos programas estruturas condicionantes ou estruturas de repetição é necessário identificar os blocos que serão incluídos dentro dessas estruturas condicionantes ou de repetição. Desta forma, esses blocos deverão estar alinhados com um <tab>.

Script 3.1: blocos.py

```
1  #Calculo do IMC - Indice de Massa Corporal
2  #!/usr/bin/env python3
3
4  #Entrada
5  Altura =  float(input("Entre com a Altura: "))
6  Peso   =  float(input("Entre com o Peso: "))
7  #Calculo
8  IMC    =  Peso/(Altura*Altura)
9  #Saída
10 print ("IMC: ",IMC)
```

No exemplo acima, todas as instruções estão alinhadas à esquerda (linhas: 5, 6, 8 e 10). Isso significa que temos um programa com somente um bloco de instruções que serão executadas de maneira linear. Esse programa possui a estrutura mais simples possível de um algoritmo. Muitas situações práticas exigem estruturas mais complexas incluindo condições e repetições de código.

3.3 Condicionais

Estruturas condicionantes são utilizadas para executar um bloco de instruções quando um conjunto de condições estão satisfeitas. A estrutura condicionante pode ser simples ou composta, a estrutura simples condicional executa um bloco de instruções caso a expressão lógica condicionante seja verdadeira. A expressão pode ser escrita como segue:

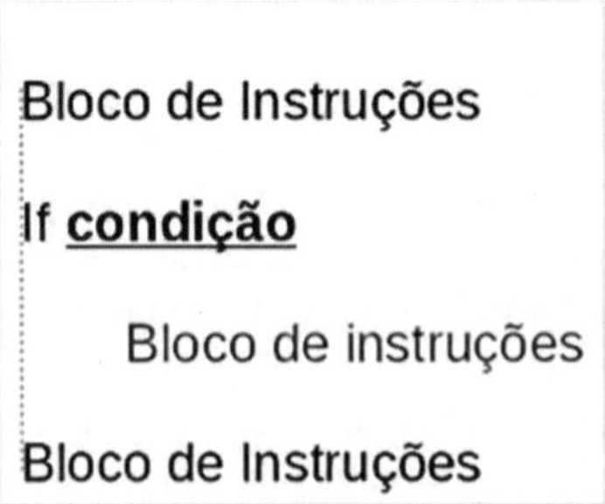

Figura 3.1. Estrutura do comando `if` simples.

Para exemplificar a construção de um bloco condicional simples apresentamos um programa que faz a leitura de um número inteiro e informa se o número digitado é ímpar ou par.

Script 3.2: estruturaifsimples.py

```
1  #Determina se um número inteiro é par ou ímpar.
2  #!/usr/bin/env python3
3
4  #Realiza a leitura de um número
5  Numero  = int(input("Entre com o número: "))
6
7  #Atribui à variável Resposta a mensagem padrão que o número é par
8  Resposta = "O número é par"
9
10 #Se a divisão do valor da Variável Numero por 2 é igual a 1
11 if (Numero % 2 == 1):
12     #Altera o valor da resposta padrão para O número é ímpar
13     Resposta = "O número é ímpar"
14 #Imprime a resposta
15 print (Resposta)
```

Conforme apresentado no *script* 3.2, o comando `if` é usado para executar (ou não) blocos de código se uma determinada condição for verdadeira. No caso em questão, a instrução condicionante encontra-se na linha 11, caso haja congruência a instrução apresentada na linha 13 é executada.

Uma estrutura condicional composta por dois ou mais blocos excludentes conforme mostra a Figura 3.2. Se a condição A for satisfeita, o programa irá executar o bloco de instruções A e não executará os blocos de instruções B e C. Caso a condição A não seja satisfeita o programa executará o teste da condição B e caso seja válida executará o bloco de instruções B e não executará os blocos de instruções A e C. Caso a condição A e a condição B sejam falsas, o programa executará o bloco de instruções C.

Bloco de Instruções

if **condição A**

    Bloco de Instruções A

elif **condição B**:

    Bloco de Instruções B

else:

    Bloco de Instruções C

Bloco de Instruções

Figura 3.2. Estrutura do comando `if` com vários blocos condicionados.

Um exemplo completo do uso do `if`, `elif` e `else` é mostrado no *script* 3.3.

Script 3.3: if.py

```
#!/usr/bin/env python3

a = int(input("Digite um número entre 0 e 10: "))

print (a)
if (a >= 0) and (a < 4):
    #Bloco de instruções A
    print("O número que você digitou é maior ou igual a 0 e menor que 4")
elif (a >=4) and ( a < 8):
    #Bloco de instruções B
    print("O número que você digitou é maior ou igual a 4 e menor que 8")
else:
   #Bloco de instruções C
   print("O número que você digitou é maior ou igual a 8")
```

Para ilustrar melhor, vamos tomar como exemplo o jogo "Pedra-Papel-Tesoura". Nesse jogo, dois participantes escolhem aleatoriamente "Pedra", "Papel" ou "Tesoura". Se a escolha for igual para ambos, é declarado empate. Se "Pedra" e "Papel" forem escolhidos, "Papel" ganha. Se "Papel" e "Tesoura" forem escolhidos, "Tesoura" ganha. Finalmente, se "Tesoura" e "Pedra" forem escolhidos, "Pedra" ganha. Uma das formas de se implementar esse jogo é pelo código mostrado no *script* 3.4 (obs. nesse código, o comando `input` é usado para receber, via teclado, a jogada; a jogada do computador é estabelecida na linha 7 por meio da função `randint`, a qual gera um número inteiro aleatório entre 1 e 3 conforme parâmetros passados).

Script 3.4: pedra-papel-tesoura.py

```
1  #!/usr/bin/env python3
2  from random import randint
3  print ("Jogo Pedra-Papel-Tesoura")
4  print ("Digite 1 para jogar Pedra, 2 para Papel e 3 para jogar Tesoura")
5  jog = input("Escolha sua jogada:")
6  jog = int(jog) #Converte a jogada para inteiro
7  jog_comp = randint(1,3)
8  print("Computador jogou ",jog_comp);
9  if (jog == jog_comp):
10     print ("Empate")
11 elif ((jog == 1) and (jog_comp == 3)) or ((jog == 2) and (jog_comp == 1)) or ((jog == 3) and (jog_comp == 2)):
12     print ("Você ganhou")
13 else:
14     print ("Você perdeu")
```

Nesse *script*, apareceram alguns *operadores condicionais* do Python. A Tabela 3.1 resume os operadores condicionais do Python.

Ainda analisando o *script* 3.4, perceba que, se as regras do jogo forem alteradas, será necessária uma modificação na estrutura do programa. Essa prática de programação, especialmente quando elaboramos softwares de gestão, não é recomendada. É muito mais aconselhável que a "inteligência" ou as "definições de regras de negócio" sejam feitas de forma independente do fluxo do programa. Nesse caso, isso pode ser feito facilmente usando dicionários. Veja como no *script* 3.5. Observe que os dados existentes nos dicionários definidos nas linhas 2 e 3 podem facilmente serem provenientes de um arquivo externo (por exemplo, uma base de dados). Assim, uma mudança nas *regras de negócio* não altera o código principal do software.

Tabela 3.1. Operadores condicionais do Python

Operador	É verdadeiro quando...
`a == b`	a igual a b
`a != b`	a diferente de b
`a > b`	a maior que b
`a >= b`	a maior ou igual a b
`a < b`	a menor que b
`a <= b`	a menor ou igual a b
`a or b`	se a e/ou b forem verdadeiros
`a and b`	se a e b forem verdadeiros
`not a`	se a for falso

Script 3.5: pedra-papel-tesoura-param.py

```
1  #!/usr/bin/env python3
2  from random import randint
3
4  regras_empate = {1:1, 2:2, 3:3}
5  regras_ganha = {1:3, 2:1, 3:2}
6  print ("Jogo Pedra-Papel-Tesoura")
7  print ("Digite 1 para jogar Pedra, 2 para jogar Papel e 3 para jogar
       Tesoura")
8  jog = input("Escolha sua jogada:")
9  jog = int(jog) #Converte a jogada para inteiro
10 jog_comp = randint(1,3)
11 print("Computador jogou ",jog_comp);
12
13 if (regras_empate[jog] == jog_comp):
14     print ("Empate")
15 elif (regras_ganha[jog] == jog_comp):
16     print ("Você ganhou")
17 else:
18     print ("Você perdeu")
```

Exercício 3.1. Faça um programa que leia 3 valores inteiros e imprima o menor deles.

Exercício 3.2. Faça um programa que leia 3 valores inteiros e imprima o maior deles.

Exercício 3.3. Faça um programa que leia 3 valores inteiros e imprima os valores em ordem crescente.

Exercício 3.4. Faça um programa que leia 3 valores referentes ao comprimento de cada lado de um triângulo. Verifique se essas medidas pertencem a um triângulo e caso pertençam, classifique o triângulo em equilátero, isósceles ou escaleno. Dicas: 1) O comprimento de cada lado de um triângulo deve ser menor que a soma dos outros dois; 2) O triângulo equilátero tem os comprimentos dos três lados iguais; 3) O triângulo isósceles tem dois lados com comprimentos iguais; 4) O triângulo escaleno tem o comprimento dos três lados diferentes.

Exercício 3.5. Faça um programa que resolva uma equação de segundo grau. Considerando a equação $\mathbf{a}x^2 + \mathbf{b}x + \mathbf{c} = 0$ o programa deverá ler os valores de a, b e c da equação e utilizar a fórmula de Bhaskara:

$$\Delta = b^2 - 4ac \tag{3.1}$$

$$x = \frac{-b \pm \sqrt{\Delta}}{2a} \tag{3.2}$$

Dicas: 1) Garanta que os valores digitados pertencem a uma equação de segundo grau (a diferente de 0); 2) Quando o Δ é negativo não existe raízes reais para a equação; 3) Quando Δ é igual a 0 a equação de segundo grau possui somente uma raiz real.

3.4 Laços

Muitas vezes precisamos que blocos de comando sejam repetidos *n* vezes em nossos programas para alcançar o objetivo esperado. Esse número de repetições pode ser determinado ou indeterminado previamente durante a execução do programa. A utilização do comando correto para cada situação transmite maior clareza ao leitor de seu código-fonte. Assim, como outras linguagens, o Python traz os comandos de repetição `while` e `for` com algumas peculiaridades da linguagem, especialmente ao comando `for` que apresenta uma integralidade com diversos pacotes de manipulação de dados, em destaque aqueles pacotes voltados para processamento e análise de dados, facilitando a manipulação de dados armazenados em vetores e matrizes.

3.4.1 Repetições com while

O comando `while` é muito simples. Ele executa um bloco de código enquanto sua condição for verdadeira. Ao terminar o bloco contido no laço de repetição, o `while` testa a condição e, se ela for verdadeira, executa novamente o seu bloco. Para um código de fácil leitura e estruturado, no bloco de comandos dentro do laço de repetição deverá conter um conjunto de instruções que alterarão a sentença condicionante do comando `while`. A estrutura do `while` está representada na Figura 3.3.

```
Bloco de Instruções

while condição:
    Bloco de Instruções A
Bloco de Instruções
```

Figura 3.3. Estrutura do comando `while`.

Enquanto a **condição** for verdadeira haverá uma repetição do Bloco de Instruções A até que a **condição** do comando `while` seja alterada para falsa dentro do Bloco de Instruções A. Quando isso ocorrer, o código de execução continuará após o final do Bloco de Instruções A.

Para exemplificar a utilização do `while` o *script* 3.6, é um jogo de adivinhação no qual o computador escolhe um número aleatório entre 1 e 100 (linha 5 do *script* 3.6). A linha 2 do *enscript* importa a função `randint` do pacote de funções `random` do Python para gerar números aleatórios. As linhas 8, 11 e 13 iniciam as variáveis que são utilizadas na condicionante do laço `while`. Enquanto as sentenças lógicas apresentadas na linha 14 `(num_tentativas < num_tentativas_max)` e `(num_sorteado != num_digitado)` forem verdadeiras as linhas de código de 15 a 25 serão repetidas. Note que as instruções nas linhas 16 e 18 alteram as variáveis que estão nas sentenças lógicas do comando `while`.

Script 3.6: while-numero-sorteado.py

```
1  #!/usr/bin/env python3
2  from random import randint
3
4  #Computador sorteia um número inteiro entre 1 e 100
5  num_sorteado = randint(1,100);
6
7  #Número de tentativas máximas
8  num_tentativas_max = 10
9
10 #Número de tentativas
11 num_tentativas = 0
12
13 num_digitado = 0
14 while (num_tentativas < num_tentativas_max) and (num_sorteado !=
       num_digitado):
```

```
    print("Você tem ",num_tentativas_max - num_tentativas, "chances.")
    num_digitado = int(input("Qual o número escohido pelo computador: "))
    #incrementa o número de tentativas
    num_tentativas+=1

    #Informa se o número digitado for menor que o escolhido pelo computador
    if (num_sorteado < num_digitado):
        print("O número sorteado é menor que ", num_digitado)
    #Informa se o número digitado for maior que o escolhido pelo computador
    elif (num_sorteado > num_digitado):
        print("O número sorteado é maior que ", num_digitado);
#fim do while

if (num_sorteado == num_digitado):
    print("Parabéns, você acertou o número escolhido pelo computador em ",num_tentativas, "vezes.")
else :
    print("Não foi desta vez. Você perdeu. Não acertou o número escolhido");
```

Exercício 3.6. Faça um *script* Python que lê vários números positivos do teclado. Quando o número lido é -1, o *script* deve parar e retornar a soma de todos os números positivos inseridos, a média desses números, o menor e o maior número digitado.

Exercício 3.7. Faça um programa que leia um número inteiro e retorne se o número é primo ou não. Lembrando que os números primos são divisíveis somente por 1 e por ele mesmo.

Exercício 3.8. Faça um programa que leia 3 números inteiros e imprima o valor do mínimo múltiplo comum (MMC).

Exercício 3.9. Faça um programa que leia 2 números inteiros e imprima o valor do máximo divisor comum (MDC). Utilize o método das divisões sucessivas.

3.4.2 Repetições com for

O uso do `for` no Python é algo que causa estranheza para vários programadores que já conhecem outras linguagens, como o Visual Basic, PHP ou o JAVA. Como dito anteriormente, o Python é uma linguagem de alto nível de abstração, consequentemente proporciona facilidade na leitura e compreensão dos programas e fomenta a produtividade durante o processo de codificação. O comando `for` no Python traz características desse alto nível de abstração para manipulação dos dados foi implementado para lidar com conjunto de dados iterativos. Ao contrário das linguagens citadas, a instrução `for` no Python não faz uma variável ser alterada sequencialmente de um limite inferior até o limite superior, o `for` no Python trabalha diretamente com elementos de um conjunto. Em Python são tipos de dados iterativos: `list`, `set`, `range`, `dict` e `tuple`. Neste capítulo estamos preocupados em fornecer conhecimento sobre a sintaxe referente ao comando `for`, por isso utilizaremos somente a estrutura iterativa `range()` nesta seção, as demais estruturas iterativas estão detalhadas no Capítulo 5 deste livro.

A Figura 3.4 apresenta a estrutura do comando `for`. Vamos analisar a instrução apresentada na segunda linha da Figura 3.4: **for x in conjunto:**. Primeiro inicia-se a instrução pela palavra reservada `for` e, depois, x onde é a variável do mesmo tipo de cada elemento do conjunto.

```
Bloco de Instruções

for x in conjunto:
        Bloco de Instruções A
Bloco de Instruções
```

Figura 3.4. Estrutura do comando `for`.

Para facilitar o entendimento, suponha o conjunto formado por 5 números inteiros: [0, 1, 2, 3, 4]. Para cada iteração (repetição) a variável x receberá um valor do conjunto, na primeira iteração a variável x receberá o valor de 0, na segunda iteração receberá o valor de 1 até que a variável assuma o valor do último elemento do conjunto (x = 4). Diferente do comando `while`, no bloco de código de instruções que será repetido, em uma boa estrutura lógica de programação, o valor da variável x é controlado automaticamente pelo comando `for`, ou seja, ao final do bloco de repetição a variável x assume o valor do próximo elemento do conjunto.

A maneira de utilizar o `for` de forma semelhante às outras linguagens é por meio do comando `range()`. Neste capítulo o objetivo é ensinar o conceito de laço de repetição, por isso, aqui trataremos a utilização do comando `for` com a função `range()` para realizar as iterações do laço. A apresentação do `for` com listas (e tuplas - um caso particular de lista) é realizada no Capítulo 4 - Estruturas de Dados Iteráveis.

O comando `range()` disponibiliza um conjunto de elementos conforme os parâmetros determinar os elementos numéricos para iteração da instrução `for`. Diferente dos outros conjuntos iterativos, o `range()` é um conjunto declarado de forma literal de números inteiros. Desta forma, a memória alocada para execução do comando `range` não é variável dependendo do conjunto numérico representado. Por exemplo, o código `a = range(10)` cria um conjunto ordenado com 10 elementos de 0 até 9 e o `b = range(10000)` cria um conjunto ordenado com 10.000 elementos de 0 até 9999. Todavia, a quantidade de memória do computador alocada para representação desses conjuntos será a mesma. Para facilitar o entendimento, podemos definir a variável `a` da seguinte forma: $\{ a \in Z | 0 \leq a < 10 \}$.

A seguir, apresentamos o *script* 3.7 para ensinar os parâmetros do comando `range()` e do comando `for`.

Script 3.7: for-range.py

```
#!/usr/bin/env python3

for x in range(4):
    print(x, end=" ")
    #escreve 0 1 2 3
print() #quebra de linha

#escreve 0 1 2 3
print () #quebra de linha
for x in range(1, 4): #utiliza o início e fim do range
    print(x, end=" ")
print() #quebra de linha
#escreve 1 2 3
for x in range(1, 8, 2): # utiliza o início, fim e o incremento
    print(x, end=" ")
print() #quebra de linha
#escreve 1 3 5 7

for x in range(8, 1, -2): #utiliza o for de maneira decrescente
    print(x, end=" ")
print() #quebra de linha
#escreve 8, 6, 4, 2
```

Neste *script*, temos alguns elementos novos:

1. O comando `print` agora é usado com um parâmetro `end='' ''`. Esse parâmetro, como já comentado, evita que o `print` pule de linha, e escreve um espaço após o texto.
2. O comando `range(4)` determina que a variável x do `for` terá 4 iterações de `0` até `3`.
3. O comando `range(1, 4)` faz o `for` iterar a variável x entre todos os números inteiros entre `1` e `3`.
4. O comando `range(1, 8, 2)` faz o `for` iterar a variável x entre todos os números inteiros entre `1` e `7` com *passo* (incremento) de `2`. Como, após o `7`, o próximo número a ser escrito é `9` (maior que `8`), o último número a ser escrito é o `7`.
5. O comando `range(8,1,-2)` faz o `for` iterar a variável x de forma descente entre os números `8` e 1 com um decremento de 2 unidades.

3.4.3 O *break* e o *else*

Duas instruções ainda podem ser usadas tanto no `for` quanto no `while`:

- O `break` interrompe a execução do bloco de código referente ao laço mais próximo do comando. Veja um exemplo no *script* 3.8. Perceba que o `break` interrompe apenas o laço que se inicia na linha 3;
- O `else` define um bloco de código que será executado ao fim do laço, *quando o mesmo não é interrompido pelo comando* `break`.

Script 3.8: for-break.py

```
#!/usr/bin/env python3
for x in range(3):
    for y in range(3):
        if x <= y:
            break
        print (x,y)
#Resultado:
#1 0
#2 0
#2 1
```

Exercício 3.10. Defina de forma matemática o conjunto criado nas linhas 3, 10 e 14 do *script* 3.7.

Exercício 3.11. Altere o *script* 3.7 para substituir o comando `for` pelo comando `while`.

Exercício 3.12. Faça um programa que leia um número inteiro N e imprima o seu fatorial. Considere: $N! = N * (N-1) * (N-2) * (N-3) * (N-4) ... * (N-(N-1))$ e que $0! = 1$

Exercício 3.13. Faça um programa que leia um número N e calcule seu Fibonacci. O cálculo do Fibonacci é:

1. O Fibonacci de 0 e 1 é igual a 1;
2. O Fibonacci para N maior que 1 é igual à soma do Fibonacci de N-1 + Fibonacci de N-2.

N	Fibonacci
0	1
1	1
2	2
3	3
4	5
5	8

Exercício 3.14. Faça um programa que calcule o valor futuro de um investimento em (n) meses futuros por uma taxa de juros (i). O programa deverá ler o período de investimento em meses (n), uma taxa de juros ao mês (i) e o valor investido (Investimento). O programa deverá apresentar o valor futuro (VF) calculado por juros simples e por juros composto mês a mês.

1. Juros simples: $VF = Investimento * (1 + i * n)$
2. Juros composto: $VF = Investimento * (1 + i)^n$

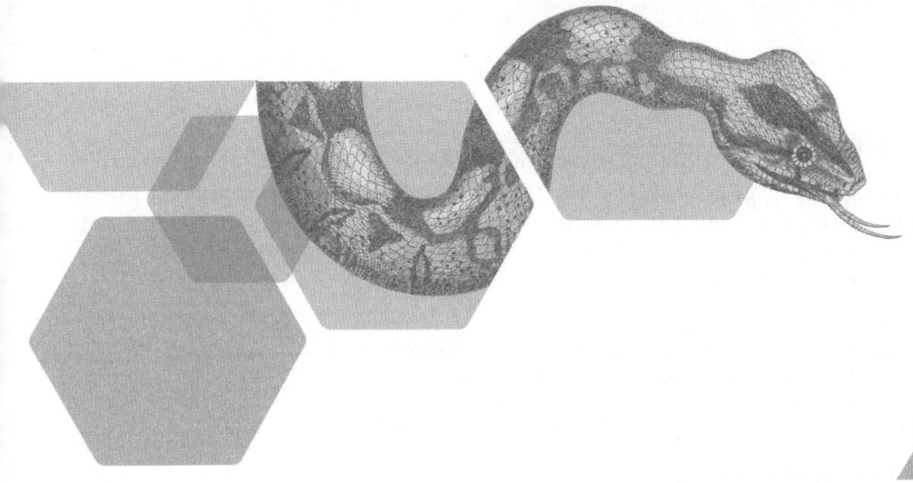

4

Estruturas de dados iteráveis

Até o momento, o livro apresentou variáveis do tipo primitiva que armazenam somente um único valor de cada vez em seu endereço de memória, também denominadas variáveis simples. Todavia, algumas lógicas necessitam de que uma variável seja capaz de armazenar vários valores sequencialmente no endereço de memória. Em linguagens de programação fortemente tipadas essas estruturas são implementadas por meio de vetores e matriz. Entretanto, no Python elas são implementadas por estruturas de dados compostas de alto nível, ou seja, essas estruturas de dados possuem métodos encapsulados para manipulação dessas variáveis.

As principais estruturas de dados iteráveis do Python são: `range`, `str`, `tuple` `list`, `set` e `dict`. O `range` foi apresentado no Capítulo 3 e o tipo `str` no Capítulo 2.

4.1 Tuplas

Em Python o tipo tupla é denominado a um identificador que corresponde a um conjunto de dados ordenado e constante. Depois de declarado uma tupla não é possível adicionar um novo elemento, remover um elemento existente ou alterar o valor de um elemento. A declaração de uma tupla acontece pela atribuição de múltiplos valores a um identificador (nome de "variável") delimitando por parênteses e cada elemento separado por vírgula. Cada elemento de uma tupla no Python pode ser de tipos diferentes.

O *script* 4.1 apresenta um exemplo para declaração de tuplas, na linha 2, `Tupla1 = ("1","2","3","5")`, estamos definindo uma tupla com 5 elementos do tipo *string* -`str`- (caractere), o primeiro elemento da tupla está localizado no endereço de memória de índice 0 e o último elemento da tupla na posição de memória de índice 4. A linha 3, `Tupla2 = ("A",)`, declara uma tupla com somente um elemento. Note que o comando da linha 3 diverge da linha 4, `NaoEhTupla = ("A")`, somente pela apresentação da vírgula após o elemento, esta sintaxe determina que o compilador/interpretador Python defina a tipagem do identificador como tupla e não como uma *string*.

Script 4.1: tupla1.py

```
1 #Definição das tuplas
2 Tupla1 = ("1","2","3","5")
3 Tupla2 = ("A",)
4 NaoEhTupla = ("A")
5
6 print("Tupla1:", Tupla1)
7 #Imprime o tipo da variável Tupla1
8 print("A Tupla1 é do tipo:", type(Tupla1))
9 #imprime o tamanho da tupla
10 print("O tamanho da Tupla1 é:",len(Tupla1), "\n")
11
12 print("Tupla2:", Tupla2)
13 #Imprime o tipo da variável Tupla1
14 print("A Tupla2 é do tipo:", type(Tupla2))
15 #imprime o tamanho da tupla
16 print("O tamanho da Tupla2 é:",len(Tupla2), "\n")
17
18 print("NaoEhTupla:", NaoEhTupla )
19 #Imprime o tipo da variável NaoEhTupla
20 print("NaoEhTupla é do tipo:", type(NaoEhTupla))
21 #imprime o tamanho da tupla
22 print("O tamanho da variável NaoEhTupla é:",len(NaoEhTupla), "\n")
```

No *script* 4.1 as linhas 6, 12 e 18 imprimem o valor armazenado no espaço de memória dedicado ao seu respectivo identificador (Tupla1, Tupla2 e NaoEhTupla). As linhas 8, 14 e 20 imprimem os tipos dos respectivos identificadores e, por fim, as linhas 10, 16 e 22 imprimem a quantidade de elementos armazenados nessas estruturas de dados.

O *script* 4.2 faz acesso direto aos elementos da tupla por meio do operador []. O operador [] possui três parâmetros `[inicio:fim:passo]`. O parâmetro `início` corresponde ao índice do primeiro endereço de memória sequencial que se deseja acessar e o `fim` o ponto de parada, quando atingir esse endereço não é apresentado seu conteúdo e por fim, o passo corresponde ao salto de endereços de memória a cada iteração. O código na linha 6 do *script* 4.2, `Tupla1[0]`, mostra o conteúdo da tupla no endereço 0 e o código `Tupla1[1]` na linha 10 o acesso ao segundo endereço da tupla. Na linha 12 aparece o comando `Tupla1[:2]` que é equivalente a escrever obtenha do endereço de início até o endereço menor que 2, ou seja, obterá o primeiro e o segundo elemento do vetor. Na linha 14 o código `Tupla1[-1]` corresponde ao índice igual ao tamanho da tupla menos 1, ou seja, para o caso, seria o mesmo que escrevesse `Tupla1[len(Tupla1) - 1 ]` ou `Tupla1[4 -1]` para obter o último elemento da tupla. Por fim, na linha 20, selecionados os elementos da tupla em ordem inversa, do último até o primeiro, com um salto de menos 1 no endereço de memória.

Script 4.2: tupla2.py

```
1 #Definição da tupla
2 Tupla1 = ('5','6','8','1')
3
4 print("Tupla1 : ", Tupla1)
5 #imprime o valor do primeiro elemento da lista - índice 0
6 print("O primeiro elemento da Tupla1 é:", Tupla1[0])
7 #imprime o tipo do primeiro elemento da Tupla1
```

```
print("O primeiro elemento da Tupla1 é do tipo:",type(Tupla1[0]))
#imprime o segundo elemento da Tupla1
print("O segundo elemento da Tupla1 é:", Tupla1[1])
#imprime o primeiro e o segundo elemento da tupla
print("Imprime o primeiro e o segundo elemento da Tupla1", Tupla1[:2],
    "\n")
#imprime o último elemento da Tupla1
print("O último elemento da Tupla1 é:", Tupla1[-1])
#imprime o penúltimo elemento da Tupla1
print("O penúltimo elemento da Tupla1 é", Tupla1[-2])
#imprime o penúltimo e o último elemento da Tupla1
print("Imprime o penúltimo e último elemento da Tupla1", Tupla1[-2:]);
#imprime a Tupla1 na ordem inversa
print("O último elemento da Tupla1 é:", Tupla1[::-1])
```

A sintaxe apresentada acima é válida para todas os tipos/classes de dados iteração. Portanto, neste livro as sintaxes para outras classes como `list`, `set` e `dict` serão suprimidas.

Para melhor entendimento, vamos utilizar uma tupla para melhorar a lógica de programação do *script* 2.4 que um determinado valor monetário o programa calcula quantidade de notas de um dado valor para alcançar o montante (semelhante ao saque em um caixa automático). Para esse exemplo, modificamos o *script* para receber do teclado o valor a ser trocado/sacado e os valores das cédulas estão armazenados na tupla.

Script 4.3: maquinatroco2.py

```
valor = int(input("Entre com o valor desejado para saque:"))

notas = (100, 50, 20, 10, 5)
notas100 = int(valor / notas[0])
valor = valor % notas[0]
print ("Entregar ", notas100, "notas de ", notas[0])
notas50 = int(valor / notas[1])
valor = valor % notas[1]
print ("Entregar ", notas50, "notas de ", notas[1])
notas20 = int(valor / notas[2])
valor = valor % notas[2]
print ("Entregar ", notas20, "notas de ", notas[2])
notas10 = int(valor / notas[3])
valor = valor % notas[3]
print ("Entregar ", notas10, "notas de ", notas[3])
notas5 = int(valor / notas[4])
valor = valor % notas[4]
print ("Entregar ", notas5, "notas de ", notas[4])
```

O acesso aos elementos da tupla podem ser feitos pelo `for` utilizando o comando `range` para indicar os elementos da tupla ou realizar as iterações com a própria tupla. Para exemplificar faremos uma alteração no *script* 4.3.

Script 4.4: maquinatroco3.py

```
1 valor = int(input("Entre com o valor desejado para saque:"))
2 notas = (100, 50, 20, 10, 5)
3
4 for i  in range(0,len(notas)):
5     quantidade = int(valor / notas[i])
6     valor = valor % notas[i]
7     if quantidade != 0:
8         print (i+1," - Entregar ", quantidade, "notas de ", notas[i])
```

Ao compararmos o número de linhas de código entre os *scripts* 4.3 e 4.4 percebemos que a implementação do *script* 4.4 ficou com um número menor de linhas, isso é resultado da utilização correta da estrutura de dados de iteração. Note que as linhas 4, 7, 10, 13 e 16 do código do *script* 4.3 são equivalentes a linha 5 do *script* 4.4 a tabela abaixo explicita essas linhas.

Tabela 4.1. Comparação entre os *scripts* 4.3 e 4.4

***Script* 4.3**	***Script* 4.4**
linha 4 - notas100 = int(valor / notas[0]) linha 7 - notas50 = int(valor / notas[1]) linha 10 - notas20 = int(valor / notas[2]) linha 13 - notas10 = int(valor / notas[3]) linha 16 - notas5 = int(valor / notas[4])	linha 5 - quantidade = int(valor / notas[i])

Na Tabela 4.1 note que a tupla `notas` é acessada de duas formas diferentes, ora o índice é explícito por um número inteiro, caso do *script* 4.3, e ora o índice é indicado por uma variável do tipo inteira, caso do *script* 4.4. Veja que neste último caso, a variável `i`, responsável por armazenar o valor do índice, é a variável de iteração do comando `for` que itera de 0 até o tamanho da tupla - `range(0,len(notas))`, veja linha 4 do *script* 4.4. Esse tipo de acesso pode ser implementado por meio do comando `while` como apresentado no *script* 4.5, veja que o comando `for` foi substituído pelo comando `while` na linha 4, para isso, foi necessário a criação de uma variável i e sua iteração é feita de forma explícita (veja linha 9 do *script*).

Script 4.5: maquinatroco4.py

```
1 valor = int(input("Entre com o valor desejado para saque:"))
2 notas = (100, 50, 20, 10, 5)
3 i = 0
4 while (i < len(notas)):
5     quantidade = int(valor / notas[i])
6     valor = valor % notas[i]
7     if quantidade != 0:
8         print (i+1," - Entregar ", quantidade, "notas de ", notas[i])
9     i = i + 1
```

Outra forma permitida no Python de percorrer uma estrutura de dados iterável é a associação direta feita no comando `for`. Neste caso, não é necessário a utilização do índice pois a variável de iteração assumirá seu valor correspondente à iteração. O *script* 4.6 é um exemplo dessa utilização, repare que a variável i utilizada no *script* 4.5 foi alterada para a variável nota e que a iteração do `for` deixou de ser sobre o conjunto de 0 até o tamanho da tupla para realizar a iteração sobre os elementos da tupla `notas`.

Script 4.6: maquinatroco5.py

```
valor = int(input("Entre com o valor desejado para saque:"))
notas = (100, 50, 20, 10, 5)

for nota in notas:
    quantidade = int(valor / nota)
    valor = valor % nota
    if quantidade != 0:
        print ("Entregar ", quantidade, "notas de ", nota)
```

Outros usos do `for`:

Existem outras formas de se utilizar o comando `for` como a mostrada no *script* 4.7 para se obter o índice de um conjunto iterável por meio da função `enumerate` do Python e seu elemento no conjunto iterável. A função enumerate fornece dois elementos, o índice do elemento sendo enumerado (variável *i* do *script* 4.7) e o elemento em si (variável *v*).

Script 4.7: for-3.py

```
#!/usr/bin/env python3
tupla = ("A", "B", "C")
for i, v in enumerate(tupla):
   print(i, " - ",v)
#Resultado:
#0 - A
#1 - B
#2 - C
```

As formas de acesso às tuplas funcionam de maneira semelhante às outras estruturas de dados iteráveis.

Exercício 4.1. Seja a tupla `entrada = (1000, 2000, 5, 15000, 12, 1, 0.5, -2, 1000)`. Faça um código Python que, usando a instrução `for`, determine a soma de todos os números de valor menor do que 100.

Exercício 4.2. De acordo com a tupla Vendas apresentada abaixo. Faça um código Python que calcule a Média, Variância, Desvio Padrão, o menor valor e o maior valor desse conjunto.
`Vendas = (120,130,100,110,90,120,111,80,140,120,90,120)`
Fórmulas:

Média = $\frac{\sum_i Vendas_i}{n}$

Variância = $\frac{\sum_i (Vendas_i - Média)^2}{n}$

Desvio Padrão = $\sqrt{Variância}$

4.2 • Listas

Assim como *strings* são conjuntos ordenados de caracteres, listas são conjuntos ordenados de variáveis. Essas variáveis podem ser números, *strings* e, porque não, até outras listas. Então,

strings são basicamente listas ordenadas de caracteres. Você vai perceber que existe muita semelhança entre esta seção e a Seção 2.3.2

Em comparação com a estrutura de dados apresentada na Seção 4.1 Tuplas, a lista tem por característica ser dinâmica, ou seja seus elementos são variáveis podendo alterar o valor de um elemento, incluir novos elementos na lista e remover elementos. Diferente da estrutura de dados vetor existente em outras linguagens de programação, os elementos da lista podem ser de tipos diferentes como mencionado no texto acima. Essa característica em consonância de seus métodos resultam em maior flexilidade ao programador.

A declaração de um elemento do tipo `list` pode ser feita de algumas maneiras, vejamos:

1. Lista = [1, 2, 3, 4]

2. Lista = []

3. Lista = {1, 2, 3, 4, 1}

4. Lista = list(range(0,10))

A declaração usual de lista é feita por meio de colchetes delimitando o início "[" e o fim "]" do conjunto iterável. Sempre que declaramos a tipagem de uma variável por colchetes o Python entenderá como uma lista. No item 2, a lista é criada sem elementos, lista vazia, a utilização dessa estrutura será apresentada mais à frente nesta seção. No exemplo 3, o Python entende como lista o conjunto iterável, demarcado por chaves "{}", por haver a ocorrência de elementos repetidos no conjunto (no caso, o elemento de valor 1) pois, de outra forma, o Python entenderia como uma variável do tipo `set` que será detalhada adiante neste capítulo. E por último, por meio da transformação de um conjunto iterável para lista.

A seguir, apresentamos um exemplo utilizando essa estrutura de dados. A linha 2 do *script* 4.8 declara uma lista com números inteiros, na linha 3 uma lista com elementos com tipos de dados diferentes é apresentada, respectivamente, `str`, `float` e `int` e na linha 4 é declarada uma lista com elementos do tipo lista, essa declaração assemelha-se às matrizes de dados utilizadas em linguagens de programação fortemente tipadas. As linhas 8 e 10 trazem a novidade de acesso às listas aninhadas.

Script 4.8: listas-1.py

```
1  #!/usr/bin/env python3
2  a = [1, 2, 3]
3  b = ["Maria", 13.7, 8]
4  c = [[1, "Maçã"], [2, "Banana"]]
5  #O acesso aos itens de uma lista funciona como no caso de strings
6  print(b[0])     #Escreve "Maria"
7  d = a[2]        #d vale 3
8  e = c[0]        #e vale [1, "Maçã"]
9  print (e)       #escreve [1, "Maçã"]
10 f = e[0]        #f vale 1
11 g = c[0][0]     #g vale 1
12 print(f, g)
```

Um exemplo mais próximo da prática...

A lista é uma das formas que o Python utiliza para processar informações de um banco de dados. Para exemplificar, vamos supor um problema da engenharia de produção chamado de programação de operações, onde deseja-se saber o momento de término de cada ordem de serviço. Imagine que no sistema de informações existam 3 ordens de serviço, que serão realizadas uma de cada vez em uma estação de trabalho. A tabela com os dados seria como a mostrada na Tabela 4.2 oriunda da importação de um bando de dados. O problema deseja determinar quando cada pedido estará pronto. Isso é realizado no *script* 4.9. Nesse *script*, os dados da Tabela 4.2 são armazenados na linha 2 (variável `tabela`). Para facilitar o entendimento, as informações dos tempos de produção são armazenadas nas variáveis `tempo_Paulo`, `tempo_Maria` e `tempo_Jose`. Os tempos de finalização (supondo que a produção se dá em `t=0`) são calculados e armazenados nas variáveis `fim_Paulo`, `fim_Maria` e `fim_Jose`. Por fim, os valores são mostrados.

> Note que, para exibir os valores (linhas 11, 12 e 13) do *script* 4.9, é feita uma **concatenação** de um texto ("*O pedido do...*") e uma variável numérica. Porém, o Python não permite concatenar diretamente texto e números. Assim, é necessário transformar o número em texto (usando a função `str`) antes de realizar a concatenação.

Tabela 4.2. Dados de exemplo

Pedido	Cliente	Tempo necessário para produzir (min)
1	Paulo	2,5
2	Maria	12
3	José	27

Script 4.9: fifo.py

```
#!/usr/bin/env python3
tabela = [[1, "Paulo", 2.5],
          [2, "Maria", 12],
          [3, "José", 27]]
tempo_Paulo = tabela[0][2]
tempo_Maria = tabela[1][2]
tempo_Jose = tabela[2][2]
fim_Paulo = tempo_Paulo
fim_Maria = fim_Paulo + tempo_Maria
fim_Jose = fim_Maria + tempo_Jose

print("O pedido do Paulo termina em ",fim_Paulo)
print("O pedido da Maria termina em ",fim_Maria)
print("O pedido do José termina em ",fim_Jose)
```

Trabalhando com listas aninhadas

Quando temos listas como elementos de listas, o `for` trata a lista interna como um elemento igual a qualquer outro. Veja um exemplo no *script* 4.10:

Script 4.10: for-1.py

```
#!/usr/bin/env python3
lista = [4, ["A", 15], "ABC"]
for ele in lista:
    print (ele)
```

O resultado será:

```
4
['A', 15]
ABC
```

Muitas vezes, principalmente quando trabalhamos com bases de dados, recebemos muitas listas aninhadas. Por exemplo, vamos supor que uma pesquisa do banco de dados nos traga a Tabela 4.3 (os comandos para acesso às bases de dados são explicados no Capítulo 11).

Tabela 4.3. Tabela de exemplo para o comando `for`

Aluno	Frequência	Nota Final
Alexandre	90%	100
Bruna	100%	95
Diego	30%	80
Felipe	40%	10
Gabriela	75%	60

O *script* 4.11, na linha 2, traz os dados da Tabela 4.3 em formato de listas aninhadas. Analise o *script*. O resultado está a seguir.

Script 4.11: for-2.py

```
1 #!/usr/bin/env python3
2 tabela = [["Alexandre", 90, 100], ["Bruna", 100, 95], ["Diego", 30,
      80], ["Felipe", 40, 10], ["Gabriela", 75, 60]]
3 for aluno in tabela:
4     print (aluno[0])
5 print ("--------------");
6 for nome, frequencia, notafinal in tabela:
7     print(nome, frequencia, notafinal)
```

```
Alexandre
Bruna
Diego
Felipe
Gabriela
--------------
Alexandre 90 100
Bruna 100 95
Diego 30 80
Felipe 40 10
Gabriela 75 60
```

Exercício 4.3. Altere o *script* 4.11 de forma a mostrar apenas os alunos aprovados (ou seja, com nota final igual ou acima de 60 e frequência maior do que 75%).

Exercício 4.4. Altere o *script* 4.11 para que ele indique quantos alunos foram reprovados.

Exercício 4.5. Altere o *script* 4.11 para que ele indique a porcentagem de alunos reprovados por nota e a porcentagem de alunos reprovados por falta.

Exercício 4.6. Altere o *script* 4.11 para que ele indique a maior nota da turma (e o aluno que tirou essa nota).

Exercício 4.7. Altere o *script* 4.11 de forma a calcular: (i) a média aritmética da turma; (ii) o desvio padrão da nota da turma e (iii) a porcentagem de reprovações.

Também podemos alterar o valor dos elementos de uma lista. Veja só o exemplo a seguir:

Script 4.12: alteraLista.py

```
#!/usr/bin/env python3
original = [1, 2, 3, 4]
original[3] = "a" #Altera o valor do elemento 3
print(original)
#Escreve [1, 2, 3, 'a']
```

Listas vazias

Muitas vezes, desejamos apenas definir uma variável como uma lista para, posteriormente, inserir valores. Isso é realizado por meio do operador `lista = []`. Veja um exemplo a seguir:

Script 4.13: listaVazia.py

```
1 #!/usr/bin/env python3
2 listaVazia = []
3 #O método append insere o elemento no fim da lista
4 listaVazia.append(1)
5 listaVazia.append(4)
6 listaVazia.append(92)
7 print(listaVazia)
8 #Escreve [1, 4, 92]
```

Na linha 2 do *script* 4.13 é declarada uma lista vazia. O método append é citado na seção anterior. Esse método adiciona um novo elemento no final da lista (linhas 4, 5 e 6). O *script* 4.14 apresenta uma forma de manipulação de dados para uma lista aninhada, no caso representando uma matriz de números inteiros.

Script 4.14: matriz.py

```
#Cria uma matriz vazia
Matriz = []

#Lê as dimensões de uma matriz
N = int (input("Entre com o número de linhas da matriz: "))
M = int (input("Entre com o número de colunas da matriz: "))

for i in range(0,N):
    Matriz.append([]) #Define que cada elemento do vetor é um vetor
    for j in range(0,M):
        #Leitura do elemento da matriz
        el = int(input("Entre com o elemento da linha "+ str(i+1)+ " e
            coluna " + str(j+1) + ":"))
        Matriz[i].append(el) #Adiciona o novo elemento
print(Matriz)
```

Exercício 4.8. Altere o *script* 4.14 para imprimir a cada iteração de j o conteúdo da matriz.

Exercício 4.9. Faça um programa que leia, as dimensões de uma matriz A, número de linhas e número de colunas, os valores de cada elemento a_{ij} da matriz e depois imprima a saída da matriz. Por exemplo:

N = 3 #número de linhas

M = 2 #número de colunas

$$A = \begin{pmatrix} a_{11} & a_{12} \\ a_{21} & a_{22} \\ a_{31} & a_{32} \end{pmatrix} A = \begin{pmatrix} 2 & 5 \\ 8 & 9 \\ 10 & 1 \end{pmatrix}$$

	2	5
Saída:	8	9
	10	1

Exercício 4.10. Faça um programa que leia, as dimensões de uma matriz A, número de linhas e número de colunas, os valores de cada elemento a_{ij} da matriz e depois imprima a matriz transposta A^t. Por exemplo:

N = 3 #número de linhas

M = 2 #número de colunas

$$A = \begin{pmatrix} a_{11} & a_{12} \\ a_{21} & a_{22} \\ a_{31} & a_{32} \end{pmatrix} = \begin{pmatrix} 2 & 5 \\ 8 & 9 \\ 10 & 1 \end{pmatrix}$$

$$A^t = \begin{pmatrix} a_{11} & a_{21} & a_{31} \\ a_{12} & a_{22} & a_{32} \end{pmatrix} = \begin{pmatrix} 2 & 8 & 10 \\ 5 & 9 & 1 \end{pmatrix}$$

Saída Transposta:
```
2 8 10
5 9 1
```

Exercício 4.11. Faça um programa que leia os elementos de uma matriz de ordem 3 e calcule sua determinante.

Exercício 4.12. Faça um programa que leia as dimensões de uma matriz A, número de linhas e número de colunas, os valores de cada elemento a_{ij} da matriz e depois imprima sua matriz inversa A^{-1}.

Métodos e Funções para manipulação de Listas

Métodos

E, assim como no caso das *strings*, o Python possui um conjunto de métodos que podem ser usados para manipular listas. Alguns deles são apresentados na Tabela 4.4.

Tabela 4.4. Métodos para Manipulação de Listas

Método	**Descrição**
lista.append(x)	Insere o elemento `x` no fim da lista. Veja *script* 4.13
lista.extend(L)	Concatena a lista `l` no fim da lista
lista.insert(i, x)	Insere o elemento `x` na posição `i` (desloca os demais elementos, se necessário)
lista.remove(x)	Remove a primeira ocorrência do elemento `x` da lista. Se não existir, retorna erro

Métodos para Manipulação de Listas (cont.)

Método	**Descrição**
x=lista.pop(i)	Remove o elemento de índice `i` da lista. `x` assume o valor do elemento removido. Se `i` não for especificado, o elemento removido é o último da lista
lista.index(x)	Retorna o índice do primeiro elemento em que o valor é `x`. Se o elemento não existir, retorna erro
lista.count(x)	Conta o número de vezes que `x` aparece na lista
del *lista*[i]	remove o elemento que está no índice `i` da lista
del *lista*[i:j]	remove os elementos que estão entre os índices `i` e `j` da lista
lista.sort()	Se o parâmetro for omitido, o método ordena a lista de forma crescente. Caso seja utilizado o parâmetro `reverse=True`-lista.sort(reverse=true) o método ordena de forma decrescente
lista.copy()	Realiza uma cópia da instância da lista. Esse método é diferente da atribuição "=" pois essa cria um novo identificador para o mesmo conjunto de endereços de memória. Veja *script* 4.15
lista.reverse()	Inverte a ordem da lista. Veja *script* 4.15

Script 4.15: copy.py

```
A = [1, 5, 8, 3]
B = A
print("Lista B")
print(B)
#inverte a ordem da lista A
A.reverse()
print("A lista B também inverteu a ordem")
print(B)
#Cria a cópia de uma instância de A em B
B = A.copy()
# Inverte a ordem de A
A.sort()
print("Lista A")
print(A)
print("Note que não alterou a lista B")
print(B)


#Resultado
#Lista B
#[1, 5, 8, 3]
#A lista B também inverteu a ordem
#[3, 8, 5, 1]
#Lista A
#[1, 3, 5, 8]
#Note que não alterou a lista B
#[3, 8, 5, 1]
```

Funções

As funções realizam processamento predeterminado nas listas conforme seus parâmetros e retorna um ou mais valores. Essas funções são nativas da linguagem Python e não necessitam de realizarmos a importação de pacotes.

Tabela 4.5. Funções para Manipulação de Listas

Função	Descrição
len(lista)	Retorna o número de elementos da lista, mesmo comando utilizado com tuplas no *script* 4.5
max(lista)	Retorna o maior valor de uma lista. Essa função pode ser utilizada com outros parâmetros e para outros conjuntos de dados
min(lista)	Retorna o menor valor de uma lista. Essa função pode ser utilizada com outros parâmetros e para outros conjuntos de dados
sum(lista)	retorna a soma de todos os elementos da lista

Exercício 4.13. Faça um *script* em Python que registre todas das movimentações de um cubo mágico em uma lista. Quando a movimentação for igual a zero, o *script* deverá apresentar todos os movimentos necessários para resolver o problema do cubo mágico. Dicas: i) utilize os métodos append e pop; ii) o usuário pode desfazer uma movimentação anterior e quando isso ocorrer, essa movimentação não deve ser registrada e a movimentação anterior deve ser descartada; iii) utilize um cubo mágico para testar sua lógica e seu programa.

Exercício 4.14. Faça um *script* em Python leia o Nome do aluno e a sua nota em programação (0 até 10). No final, o programa deverá imprimir em ordem decrescente por nota o nome do aluno e sua nota.

4.2.1 • List comprehensions

Uma sacada genial implementada no Python são as chamadas *List Comprehensions.* O *List Comprehension* é um mecanismo para se definir listas de forma muito abreviada. O *script* 4.16 mostra um exemplo bem simples. Nesse *script*, a primeira linha define uma lista chamada *orig* com vários valores representados por *strings*. A linha seguinte pode ser lida da seguinte forma: *para cada valor de **orig**, transforme-o em inteiro e o adicione à lista **li**.*

Script 4.16: listC1.py

```
orig = ["1", "2", "3", "4"]
#Na linha acima, a variável "orig" vale ["1", "2", "3", "4"]
li = [int(i) for i in orig]
#Na linha acima, a variável "li" vale [1, 2, 3, 4]
```

O mecanismo do *List Comprehension* permite algumas construções mais elaboradas. O *script* 4.17 mostra dois exemplos: o primeiro, multiplica todos os elementos da lista *listaOriginal* por 2; o segundo, cria uma lista com todos os valores de *listaOriginal* que forem maiores ou iguais a 3.

Script 4.17: listC2.py

```
listaOriginal = [1, 2, 3, 4]

dobro = [2 * i for i in listaOriginal]
#dobro valerá [2, 4, 6, 8]

selec = [i for i in listaOriginal if i >= 3]
#selec valerá [3, 4]
```

> As instruções **for** e **if** foram explicadas em mais detalhes no Capítulo 3. Se você teve dificuldade em entender esta seção, veja novamente o capítulo e depois reveja esses códigos.

4.2.2 • Sets

Uma segunda variação de listas no Python são os *Sets*. *Sets* são listas não ordenadas que não possuem elementos duplicados. A declaração de um set é feita por meio de {} ou pela utilização de sua função construtora (set()). Exemplo:

1. Conjunto = {1, 2, 3, 4, 5}
2. Conjunto = set()
3. Conjunto = Set(Estrutura de Dado Iterável)

Na primeira forma de declaração os itens do conjunto set são enumerados. Caso haja um elemento em duplicidade, o Python criará uma lista no lugar do conjunto. A segunda forma cria um conjunto vazio e a terceira um conjunto a partir de um objeto iterável como list(), string(), range(), tuple().

No *script* 4.18, a linha 2 cria uma denominada listaOrig. Na linha 3, por meio do *constructor* set(), o conteúdo da listaOrig é copiado para o objeto nomes retirando os elementos repetidos, no caso "João" e "Maria".

Script 4.18: sets.py

```
#!/usr/bin/env python3
listaOrig = ["Maria", "Paulo", "João", "Maria", "Ana", "João"]
nomes = set(listaOrig)
print("A lista original possui os seguintes nomes:")
print(listaOrig)
#Escreve ['Maria', 'Paulo', 'João', 'Maria', 'Ana', 'João']
print("Removendo os repetidos, temos:")
print(nomes)
#Escreve {'Maria', 'João', 'Ana', 'Paulo'}
```

Métodos para manipulação de conjuntos

Tabela 4.6. Métodos para Manipulação de Conjuntos

Método	**Descrição**
set1.add(elemento)	Adiciona um elemento ao conjunto. Caso o elemento já exista no conjunto ele não será adicionado em duplicidade ao conjunto
set1.remove(elemento) ou set1.discard(elemento)	Encontra o elemento no conjunto e remove
primeiroelemento = set1.pop()	Retorna e remove o primeiro elemento do conjunto set1
set1.clear()	Remove todos os elementos do conjunto
set3 = set1.union(set2) set3 = set1 | set2	Realiza a operação de união entre dois conjuntos e retorna esse resultado a um identificador. Essa função pode ser substituída pelo operador |
set3 = set1.intersection(set2) ou set3 = set1 & set2	Retorna a interseção de dois conjuntos, seja pelo método intersection ou pelo operador &
set3 = set1.difference(set2) ou set3 = set1 - set2	Essa função determina o resultado da diferença entre dois conjuntos
set3 = set1.symetric_difference(set2) ou set3 = set1 ^set2	Determina a diferença simétrica entre os dois conjuntos
set1.update(set2)	O conjunto set2 é incluído no conjunto set1
set1.isdisjoin(set2)	Retorna verdadeiro (true) se os conjuntos forem disjuntos
set1.issubset(set2) ou set1 <= set2	Retorna verdadeiro se o conjunto1 está contido no conjunto2
set1.issuperset(set2) set1 >= set2	Retorna verdadeiro se o conjunto set1 contém o conjunto set2

Os métodos intersection, symetric_difference, difference quando seguidos pelo sufixo _update significa que o conjunto chamador do método receberá o resultado do método, por exemplo, set1.intersection_update(set2) é equivalente a escrever set1 = set1.intersection(set2) ou set1 = set1 & set2 ou, simplesmente, set1 &= set2.

4.2.3 Dicionários

O Python permite outra forma de representar informações: os dicionários. Nessas estruturas, em vez de um valor ser relacionado com um índice na sequência, ele é associado a uma *chave*. Vamos tomar como exemplo uma lista de preços fictícia que apresentamos na Tabela 4.7. Essa tabela é representada como um dicionário no *script* 4.19. Observe a diferença de como os dados são acessados em um dicionário: em vez de índices, veja acesso por índice no *script* 4.3, utilizamos o valor do elemento-chave que no caso é uma *string*. Esse valor é chamado de *chave* do dicionário.

Tabela 4.7. Dados de exemplo

Produto	Preço
Caderno	R$10,00
Lapiseira	R$15,00
Borracha	R$5,00

Script 4.19: dicionario.py

```
#!/usr/bin/env python3
dicionario = {"Caderno":10,
              "Lapiseira":15,
              "Borracha":5}
print("O caderno custa "+str(dicionario["Caderno"]))
print("A lapiseira custa "+str(dicionario["Lapiseira"]))
print("A borracha custa "+str(dicionario["Borracha"]))
```

Dicionários vazios

Assim como listas, o Python permite a criação de *dicionários vazios* com o operador `d={}`. Veja um exemplo no *script* 4.20.

Script 4.20: dicionarioVazio.py

```
#!/usr/bin/env python3
dicVazio = {}
dicVazio["Caderno"] = 10
dicVazio["Lapiseira"] = 15
dicVazio["Borracha"] = 5
print(dicVazio)
# Escreve {'Borracha':5, 'Caderno':10, 'Lapiseira':15}
```

Em estruturas do tipo dicionário podemos acessar seus elementos por meio do uso do método `items()`. Veja um exemplo no *script* 4.21. Note que o método item() obtém a chave do registro e seus valores que nesse exemplo é somente o valor do item.

Script 4.21: for-4.py

```
#!/usr/bin/env python3
dicionario = {"key1":15, "key2":10, "key3":128}
for k, v in dicionario.items():
    print (k, v)
#Resultado:
#key1 15
#key2 10
#key3 128
```

Exercício 4.15. Uma forma muito utilizada para se representar informações é o *grafo*. Veja um exemplo na Figura 4.1. Um grafo, é composto por nós (no caso da Figura 4.1, temos 5 nós) e arcos (que ligam dois nós). Essa representação é muito utilizada quando queremos, por exemplo, representar pontos em um mapa e suas respectivas distâncias. Uma forma de se representar no Python as informações de um grafo é usando um dicionário com dois "níveis". Veja um exemplo dessa representação no *script* 4.22. O `1:2:1` no *script* 4.22 simboliza que do nó 1 para o nó 2 o valor do arco corresponde a 1 conforme apresentado na Figura 4.1.

Script 4.22: grafo.py

```
#!/usr/bin/env python3
dist = {1:{2:1, 3:2, 4:3, 5:4},
        2:{1:2, 5:3}}
print("A distância entre 1 e 5 é ", dist[1][5])
```

Faça um *script* que leia do teclado um ponto inicial. Depois, leia o segundo ponto. E escreva a distância entre os dois pontos lidos.

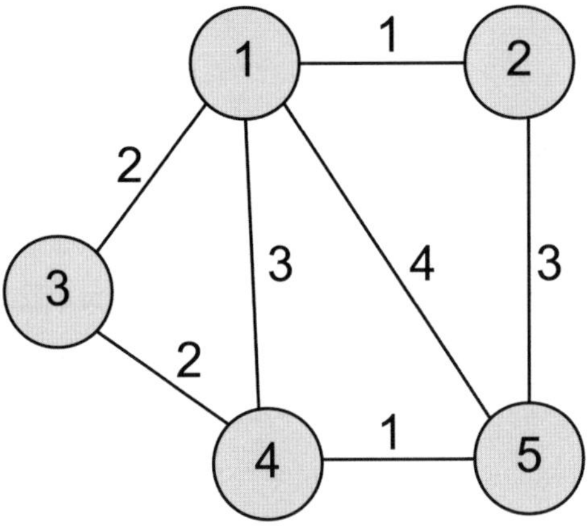

Figura 4.1. Exemplo de um grafo.

Exercício 4.16. Continuando o exercício anterior, faça um *script* que lê um ponto inicial, e lê um conjunto de pontos de uma rota. Quando o usuário digitar `-1`, o *script* mostra a distância total percorrida e finaliza.

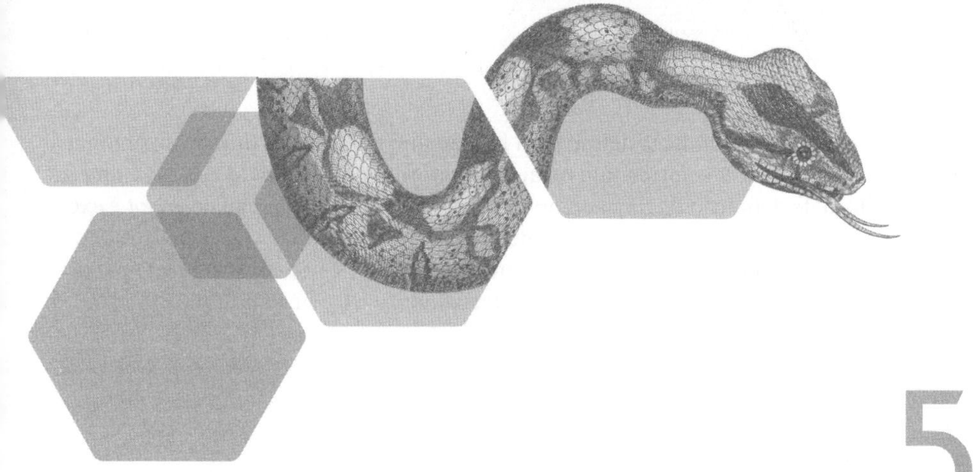

5 Procedimentos e funções

O primeiro passo que se toma no planejamento e desenvolvimento de *scripts* mais complexos é a divisão desse problema complexo em pequenos trechos reutilizáveis de programação de forma que cada trecho seja conciso e coeso. Essa tarefa facilita o desenvolvimento, entendimento e a manutenção de programas.

Esses subprogramas são definidos como *procedimentos* ou *funções*. O subprograma é um procedimento quando executa um conjunto de instruções sem a necessidade de retornar valores pelo seu identificador e é considerado uma função quando o identificador retornar valores.

Cabe ainda destacar que você já utilizou várias funções/módulos até aqui. Por exemplo, as funções apresentadas na Tabela 4.5 para manipulação de listas. Essas funções estão embutidas no próprio Python ou outras funções como o `randint()` utilizada no *script* 3.4 embutida em pacote `random`. As funções que trataremos nesta seção são aquelas que podem ser agrupadas em pacotes e podem ser reaproveitadas em diversos *scripts*.

A sintaxe para declaração de um procedimento ou função em Python está apresentada na Figura 5.1. A palavra `def` define o identificador da função, que no caso é `NomedaFunção`. A função pode ter parâmetros que são utilizados no processamento da função e, por fim, o comando `return` que é utilizado se for necessário o retorno de valores pela função.

```
def NomedaFunção([Parâmetros]):
    Bloco de código
    return ValorDesejado
```

Figura 5.1. Sintaxe para declaração de uma função.

Veja o *script* 5.1. A linha 2 define uma função que recebe dois números como parâmetro, a e b. A linha 3 informa que o valor de retorno é a soma de a e b. Na linha 5, quando o bloco de definição da função soma já terminou, o código inicial do *script* é executado. Primeiro, define-se uma variável a de valor 12. Depois, duas variáveis, numero1 e numero2 são definidas. A função soma é então chamada, e numero1 e numero2 são enviados como os dois parâmetros. E soma retorna numero1 e numero2 = 3.

Script 5.1: funcoes-1.py

```
1  #!/usr/bin/env python3
2  def soma(a, b):
3      return(a+b)
4  
5  a = 12
6  numero1 = 1
7  numero2 = 2
8  print(soma(numero1, numero2))
9  #Resultado:
10 #3
```

Observe que a variável a definida na linha 5 do *script* 5.1 não interfere na variável a da função soma. Isso se dá porque a variável a da linha 5 não está no mesmo **escopo** da função. Ou seja, a (linha 5) existe apenas no bloco de código que vai da linha 5 a 10. E não interfere em nada com a variável a da função soma. A Seção 5.3 traz mais informações sobre esse conceito.

5.1 Parâmetro de funções

Existem diferentes formas de se definir parâmetros em funções no Python. Veja os exemplos a seguir:

1. Funções sem parâmetros

O *script* 5.2 mostra como definir uma função que não recebe nenhum parâmetro de entrada. Nesse caso, a função ola() é chamada sem receber nenhuma informação de outra parte do programa.

Script 5.2: funcoes-sempar.py

```
#!/usr/bin/env python3
def ola():
    print("Olá!")

ola()
#Resultado:
#Olá!
```

2. Funções com parâmetros obrigatórios

Caso seja necessário, é possível passar um ou mais valores quando chamamos a função. O *script* 5.3 mostra a definição e uso de uma função com um único parâmetro de entrada.

Script 5.3: funcoes-umpar.py

```
#!/usr/bin/env python3
def incrementa(n):
    print(n+1)

incrementa(1)
#Resultado:
#2
```

É possível criar funções com vários parâmetros diferentes. O *script* 5.4 mostra uma função com dois parâmetros. Se precisar de mais parâmetros, apenas continue os separando com vírgulas na definição da função!

Script 5.4: funcoes-doispar.py

```
#!/usr/bin/env python3
def multiplica(a, b):
    print(a * b)

multiplica(3, 2)
#Resultado:
#6
```

Uma característica muito útil do Python é sua capacidade de permitir que identifiquemos qual o valor de cada parâmetro, inclusive desrespeitando a ordem dos parâmetros estabelecidos na definição da função. Veja o *script* 5.5.

Script 5.5: funcoes-ordempar.py

```
#!/usr/bin/env python3
def polinomio(a, b, c, x):
    ret = (a*x)**2 + b*x + c
    print(ret, end=" - ")

polinomio (1, 2, 3, 1)
polinomio (a=1, b=2, c=3, x=1)
polinomio (b=2, a=1, c=3, x=1)
#Resultado:
#6 - 6 - 6 -
```

3. Funções com parâmetros opcionais (e valores padrões):

Neste caso, há duas formas de utilizar a função. Uma utilizando os parâmetros da função, como apresentado na linha 5 do *script* 5.6 ou utilizando somente um parâmetro explícito e o outro pelo seu valor padrão, exemplo da chamada apresentada na linha 6.

Script 5.6: funcoes-defaultpar.py

```
#!/usr/bin/env python3
def multiplica(a, b = 2):
    print(a * b)

multiplica(3, 3)
multiplica(3)
#Resultado:
#9
#6
```

4. Funções com lista de parâmetros

A passagem de parâmetros em Python pode ser feita por meio de uma tupla enumerada. Desta forma, a quantidade de parâmetros da função, na prática, é variável. Veja um exemplo no *script* 5.7.

Script 5.7: funcoes-multipar.py

```
1  #!/usr/bin/env python3
2  def multiplicaTudo(*n, c):
3      print(n)
4      ret = 1
5      for i in n:
6          ret = ret * i
7      ret = ret + c
8      print(ret)
9
10 multiplicaTudo(1, 2, 3, 4, c=10)
11 #Resultado:
12 #(1, 2, 3, 4)
13 #34
```

O *script* 5.7 merece uma explicação mais aprofundada:

Linha 2: Define a função `multiplicaTudo` com dois parâmetros, sendo um deles uma *tupla*.

Linha 3: Escreve o valor da variável `a`. A saída correspondente é mostrada na linha `12`.

Linha 4: Define a variável `ret` com valor `1`. **IMPORTANTE:** veja como é necessário que essa variável seja definida *fora* do escopo do bloco `for`, a seguir!

Linha 5: Itera-se cada elemento do parâmetro `n`

Linha 6: Faz o valor de `ret` ser o valor anterior de `ret` multiplicado pelo valor de `i`

Linha 7: Soma `c` com `ret`, e armazena esse valor em `ret`.

Linha 8: Escreve o valor de `ret` na tela. A saída correspondente é mostrada na linha `13`.

Vale a pena lembrar que vários *scripts* já apresentados se utilizaram de uma função que tem como parâmetro uma lista e um conjunto de parâmetros opcionais: a função `print`!

5.2 Funções e passagem por referência

Linguagens como o C/C++ trazem duas formas de se enviar informações para funções: por meio de parâmetros passados por valor e por referência (esse último implementado por meio de ponteiros). No caso do Python, temos dois comportamentos:

1. **Tipos simples** como números inteiros têm seu valor passado para a função. Isso significa que o Python faz uma cópia desse valor e envia para a função.

2. **Objetos** como listas e outros têm sua referência passada para a função. Com isso, caso se altere o valor do objeto, essa alteração será mantida após o término da função.

Vamos tomar como exemplo o *script* 5.8. Nesse exemplo, a primeira função recebe um tipo simples, e a segunda uma lista. Quando tentamos alterar o valor de uma variável, essa mudança não é percebida após a chamada da função. Ao contrário, quando chamamos `funcao2`, o valor alterado é um valor do objeto (passado por referência). Com isso, as modificações realizadas se mantêm após o término da função.

Script 5.8: funcoes-escopo-parametro.py

```
#!/usr/bin/env python3

#Observe que x é um tipo simples. Assim, seu valor é "copiado" para a
    função.
#Depois de chamá-la, o valor original de x nao se altera.
def funcao1(x):
    x = x + 1

#Nesse caso, recebemos x como sendo uma lista (objeto). Então, o "x" da
    função
#é exatamente o mesmo objeto que o usado para chamar a função. x[0],
    então,
#é alterado.
def funcao2(x):
    x[0] = x[0] + 1

x = 10
funcao1(x)
print("Valor de x:",x)
#Resultado:
#Valor de x: 10

x = [10]
funcao2(x)
print("Valor de x:",x)
#Resultado:
#Valor de x: [11]
```

5.2.1 Perdendo a referência dos objetos

Uma grande fonte de problemas quando trabalhamos com alteração de valores de objetos enviados como parâmetros de funções é quando perdemos a referência ao objeto original. Para exemplificar, vamos analisar o *script* 5.9. Nesse *script*, a função `perde_escopo` percorre as seguintes etapas:

- Na linha 5 o objeto x tem um valor interno alterado. Não é alterado a *referência* ao objeto, então essa alteração é realizada no objeto original.
- As linhas 7 e 8 atribuem outros valores para x. Com isso, a variável aponta para outras posições de memória, e as alterações realizadas não são mais realizadas na variável original. Nesse caso, podemos dizer que **perdemos a referência do objeto original**.

Script 5.9: funcoes-escopo-perdendo.py

```
1  #!/usr/bin/env python3
2
3  def perde_escopo(x):
4      print("Posição na memória onde está armazenado x: ", hex(id(x)))
5      x[0] = 100
6      print("Posição na memória onde está armazenado x: ", hex(id(x)))
7      x = -1
8      x = [200]
9      print("Posição na memória onde está armazenado x: ", hex(id(x)))
10
11 x = [1]
12 print("Posição inicial onde x está armazenado:", hex(id(x)))
13 perde_escopo(x)
14 print("Posição final onde x está armazenado:", hex(id(x)))
15 print(x)
16 # Posição inicial onde x está armazenado: 0x7fa16413f280
17 # Posição na memória onde está armazenado x:  0x7fa16413f280
18 # Posição na memória onde está armazenado x:  0x7fa16413f280
19 # Posição na memória onde está armazenado x:  0x7fa16413fc80
20 # Posição final onde x está armazenado: 0x7fa16413f280
21 # [100]
```

5.3 Funções e escopo de variáveis

O escopo de uma variável refere-se à sua visibilidade dentro dos subprogramas (funções ou procedimentos). O escopo da variável pode ser global ou local. Uma variável de escopo global pode ser acessada por qualquer subprograma desde que não exista uma variável local com o mesmo identificador (mesmo nome de variável), quando isso ocorrer a variável utilizada não será a variável global. A forma mais simples de entender o conceito de escopo de uma variável é analisando alguns exemplos. Em primeiro lugar, sem usar o conceito de funções, vamos analisar o *script* 5.10.

Script 5.10: escopo1.py

```
1  def alteraglobal():
2      print(var1)
3      var1 = 10
4
5  var1 = 10
6  if var1 > 5:
7      print ("Var1 > 5")
8
9  alteraglobal()
10 print(var1)
```

O funcionamento do *script* é bem simples: a linha 1 define a variável `var1` e atribui a ela o valor `10`. A linha 2 usa o valor dessa variável na instrução `if`. A variável `var1` está definida no bloco principal do programa (ou seja, sem nenhuma tabulação/identação), logo ela está disponível para ser usada em qualquer ponto desse *script*. Como `var1` está disponível globalmente, dizemos que ela é uma variável **global**.

> Embora possa parecer inicialmente mais difícil, uma boa prática de programação é buscar restringir ao máximo o escopo das variáveis, evitando o uso de variáveis globais.

Quando chamamos uma função, ela só vai reconhecer as variáveis globais e o que lhe foi enviado como parâmetro. Na dúvida, o Python adota o valor da variável local. Vamos ver o *script* 5.11.

Script 5.11: escopo2.py

```
1  def escreve(var1):
2      print ("O valor de var1 dentro da função analisa é", var1)
3      var1 = 10
4      print ("O valor modificado de var1 dentro da função analisa é",
           var1)
5
6  var1 = 6
7  escreve(var1)
8  print("O valor de var1 após a função analisa é", var1)
```

Esse *script* define a função `escreve` nas linhas 1 a 4. Na linha 6, define uma variável global `var1` com valor 6. Na linha 7, a função é chamada, passando o *valor* de `var1` como parâmetro. A função recebe esse valor e cria uma *variável local* com nome `var1` e com esse valor. A linha 3 altera o valor da variável local `var1`. Note que:

1. A instrução `print` da linha 2 escreve o valor da variável local `var1`. No caso, o valor `6` é enviado como parâmetro, então o resultado da execução da linha 2 será:
   `O valor de var1 dentro da função analisa é 6`

2. A linha `4` escreve o valor alterado da variável `var1`. Como a linha `3` altera esse valor, o resultado será:
   `O valor modificado de var1 dentro da função analisa é 10`

3. A linha 8 é executada após a chamada da função e escreve o valor de `var1`. Porém, esse trecho do código não tem acesso às variáveis locais da função. Logo, essa linha vai se referir à variável `var1` definida na linha 6 (que, embora tenha o mesmo nome, é diferente da variável `var1` usada pela função). Então, o resultado da linha 6 será:
   `O valor de var1 após a função analisa é 6`

5.4 Recursividade

Muitas vezes, temos uma tarefa que pode ser dividida em subtarefas muito semelhantes.

> Durante a recursão, cada vez que a função é chamada novamente, um novo espaço de memória é criado para armazenar as variáveis da nova chamada. Assim, uma chamada da função não compartilha nenhuma variável interna com outra chamada, mesmo sendo a mesma função e o mesmo nome de variável.

Tome como exemplo o *script* 5.12. Na linha 7, a função `decrementa` está chamando a ela própria, passando o valor `x-1` como parâmetro. Isso é uma *recursão*. Nesse ponto, é como se fosse feito uma "cópia" da função `decrementa`, e essa cópia fosse chamada. O valor da variável `x` da primeira chamada de `decrementa` não tem *nenhuma* relação com o valor de `x` da segunda chamada (a não ser é lógico, pela linha 7). Isso significa que, se a segunda chamada alterar o valor de `x`, o valor de `x` da primeira chamada não será alterado.

Script 5.12: funcoes-rec.py

```
1  #!/usr/bin/env python3
2
3  def decrementa(x):
4      print ("inicio de decrementa(",x,")")
5      if x > 0:
6          print (x)
7          decrementa(x-1)
8      print ("fim de decrementa(",x,")")
9
10 decrementa(4)
11 #Resultado:
12 #inicio de decrementa( 4 )
13 #$4
14 #inicio de decrementa( 3 )
15 #3
16 #inicio de decrementa( 2 )
17 #2
18 #inicio de decrementa( 1 )
19 #1
20 #inicio de decrementa( 0 )
21 #fim de decrementa( 0 )
22 #fim de decrementa( 1 )
23 #fim de decrementa( 2 )
24 #fim de decrementa( 3 )
25 #fim de decrementa( 4 )
```

Exercício 5.1. Analise o *script* 5.13 e indique o que é escrito na tela. Execute o *script*, se necessário.

Script 5.13: funcoes-recursivo.py

```
def recursivo(val):
    print ("Função chamada. val=",val)
    if val == 1:
        print ("Função retorna",1)
        return 1
    else:
        resposta = val + recursivo(val - 1)
        print ("Função retorna", resposta)
        return(resposta)

print(recursivo(5))
```

Exercício 5.2. Faça um programa que leia os seguintes valores: taxa de juros, meses e valor. Utilize o conceito de funções e desenvolva, utilizando passagem de parâmetros corretamente, uma função para calcular o juro simples e uma função para calcular o juro composto.

Exercício 5.3. Faça um programa que leia os seguintes valores: taxa de juros, meses e valor. Utilize o conceito de funções e desenvolva, utilizando passagem de parâmetros corretamente, uma função para calcular o juro simples e uma função para calcular o juro composto.

Exercício 5.4. Faça um *script* que leia dois valores e uma função que receba esses valores como parâmetros e calcule a média.

Exercício 5.5. Considerando uma equação de segundo grau $a \cdot x^2 + b \cdot x + c = 0$. Desenvolva uma função para calcular as raízes dessa equação. Faça um programa que leia os parâmetros *a*, *b* e *c* e chame essa função para obter o valor das raízes.

Exercício 5.6. Considerando uma função de terceiro grau $f(x) = a \cdot x^3 + b \cdot x^2 + c \cdot x + d$, faça um programa que leia os parâmetros. Faça: i) um procedimento para que leia o valor de *x*; ii) uma função que retorne o valor de $f(x)$ para a função de terceiro grau; iii) um procedimento que leia três valores (Início, Fim e Incremento) e faça o cálculo de $f(x)$ variando o valor de *x* do Início até o valor de Fim por meio de somas do valor de Incremento. Por exemplo: Se Início = 1; Fim = 5; Incremento = 0,5 a função deverá calcular f(1), f(1,5), f(2), f(2,5), ..., f(5).

Exercício 5.7. Em cálculo numérico há um método denominado bissecção para calcular raízes de polinômios. Estude o método de bissecção e altere o Exercício 5.6 para realizar o cálculo das raízes da equação de terceiro grau.

Exercício 5.8. Em cálculo numérico há um método denominado bissecção para calcular raízes de polinômios. Estude o método de bissecção e altere o Exercício 4 para realizar o cálculo das raízes da equação de terceiro grau.

Exercício 5.9. O matemático Leonardo Pisa descobriu uma sequência numérica que representa vários comportamentos da natureza. Essa sequência ficou conhecida como sequência Fibonacci. A sequência Fibonacci é 1, 1, 2, 3, 5, 8, 13, 21, ... Essa sequência pode ser calculada da seguinte forma:

Fibonacci(0) = 1

Fibonacci(1) = 1

Fibonacci(N) = Fibonacci(N-1)+ Fibonacci(N-2).

Faça um programa que leia o valor de N e uma função utilizando recursividade para calcular o valor Fibonacci.

Exercício 5.10. Faça um programa que leia um valor *N* e calcule por meio de uma função recursiva o seu fatorial. Considere:

Fatorial(0) = 1

Fatorial(N) = N * Fatorial (N-1)

Exercício 5.11. A Torre de Hanói é um jogo de movimento de peças. O jogo é composto por uma base com três pinos sequenciais. No primeiro pino encontra-se vários discos ordenados de forma crescente pelo tamanho do diâmetro. O desafio é transferir todos os discos para o último pino movimentando um disco de cada vez para os pinos. Não é possível empilhar um disco de diâmetro maior sobre um disco de diâmetro menor. Faça um programa que leia a quantidade de discos empilhados no primeiro pino e um procedimento que imprima todos os movimentos para solucionar o problema de hanói.

Exercício 5.12. Altere o exercício de bissecção (Exercício 5.8) de modo que as iterações do método sejam feitas por meio de recursividade.

6

Classes e objetos

Na orientação a objetos, uma **classe** é um "esqueleto", uma estrutura que engloba dados e procedimentos. Uma classe é *instanciada*, gerando **objetos**.

Vamos colocar de uma forma mais simples: até agora, trabalhamos com *strings*, apenas as considerando, *grosso modo*, como uma sequência de caracteres. Ou seja, as informações de uma *string* estavam estruturadas de uma forma padronizada.

Além disso, foram apresentados, nas Tabelas 2.5 e 2.6, *métodos* relacionados com *strings*. Tais métodos, são procedimentos específicos para se trabalhar com *objetos* do tipo *string*.

Vamos tomar outro exemplo: vamos supor que queremos representar um cliente de um restaurante. Todo cliente do restaurante possui: (i) Uma escolha de uma entrada; (ii) Uma escolha de um prato principal; (iii) Uma escolha de uma sobremesa; (iv) Uma ou mais bebidas. O *script* 6.1 mostra uma forma de se definir uma classe com esses quatro atributos.

Script 6.1: classe-1.py

```python
#!/usr/bin/env python3
class Cliente:
    entrada = ""
    principal = ""
    sobremesa = ""
    bebidas = []

joaquim = Cliente()
ana = Cliente()

joaquim.entrada = "Salada"
ana.entrada = "sopa"
print(joaquim.entrada)
```

No *script* 6.1, a linha 2 define a classe (note que, como padrão de nomenclatura, adotamos que todas as classes se iniciam com letras maiúsculas, e objtos com letras minúsculas); as linhas 3-6 definem os *atributos* da classe; as linhas 8 e 9 criam dois *objetos* do tipo `Cliente`; as linhas 11 e 12 atribuem valores para os atributos `entrada` de cada objeto; por fim, a linha 13 escreve o valor do atributo *entrada* do objeto *joaquim*.

> Normalmente, é uma boa prática da programação orientada a objetos evitar que os atributos de uma classe sejam acessados diretamente.

Além de estabelecer estruturas de dados na forma de atributos, podemos também criar *procedimentos* específicos para as classes. O *script* 6.2 traz dois exemplos de declaração de métodos:

Script 6.2: classe-2.py

```
1  #!/usr/bin/env python3
2  class Cliente:
3      entrada = ""
4      principal = ""
5      sobremesa = ""
6      bebidas = []
7
8      def setEntrada(self, entrada):
9          self.entrada = entrada
10     def getEntrada(self):
11         return(self.entrada)
12
13 joaquim = Cliente()
14 joaquim.setEntrada("Salada")
15 print(joaquim.getEntrada())
```

As linhas 8 e 9 definem o método `setEntrada(self, entrada)`. Note como o método de uma classe é muito semelhante a uma função que, no caso, possui dois parâmetros:

- `self`, que nada mais é do que uma referência ao próprio objeto (é o equivalente ao `this` do C++ e JAVA;
- `entrada`, que espera receber uma *string*.

A linha 9 pode causar estranheza: `self.entrada = entrada`. De forma simples, podemos definir que, quando dizemos `self.entrada`, estamos nos referindo ao atributo `entrada` do objeto (definido na linha 3). Sem o uso do `self`, estamos nos referindo à variável do método (no caso, ao parâmetro `entrada` definido na linha 8).

As linhas 10 e 11 definem um método que retorna o valor do atributo *entrada* do objeto.

As linhas 13-15, (i) *instanciam* (criam) um objeto; (ii) chamam o método `setEntrada` e (iii) obtêm o valor da entrada por meio do método `getEntrada()`.

Podemos extender esse exemplo, chegando no *script* 6.3.

Script 6.3: classe-3.py

```
#!/usr/bin/env python3
class Cliente:
    entrada = ""
    principal = ""
    sobremesa = ""
    bebidas = []

    def setEntrada(self, entrada):
        self.entrada = entrada
    def getEntrada(self):
        return(self.entrada)
    def setPrincipal(self, principal):
        self.principal = principal
    def getPrincipal(self):
        return(self.principal)
    def setSobremesa(self, sobremesa):
        self.sobremesa = sobremesa
    def getSobremesa(self):
        return(self.sobremesa)
    def addBebida(self, novaBebida):
        self.bebidas.append(novaBebida)
    def getBebidas(self):
        return(self.bebidas)

    def setMenu(self):
        setEntrada("Sopa")
        setPrincipal("Massa")
        setSobremesa("Sorvete")
        addBebida("Vinho")

joaquim = Cliente()
joaquim.setMenu()
```

Exercício 6.1. Expanda o *script* 6.3 criando um método `listaPedido()`, que retorna um dicionário indicando o pedido do cliente.

Exercício 6.2. Crie uma classe que represente um grafo (veja a Figura 4.1). Essa classe deve ter os seguintes métodos:

- `clear()`: elimina todos os nós e arcos do grafo;
- `add(no1, no2, valor)`: adiciona um arco de `no1` para `no2` com valor `valor`;
- `menorCaminho(noInicio)`: equivalente ao Exercício 4.16.

6.1 Construtores

Em praticamente todas as linguagens que adotam o paradigma da orientação a objeto - inclusivo no Python - é dada a possibilidade de se criar um método especial, que é executado imediatamente após a criação do objeto. Esse método é chamado *Construtor.* O *script* 6.4 mostra a definição de um construtor.

No caso do *script* 6.4, o construtor é definido na linha 5. Nesse caso, é definido um construtor sem parâmetros. É possível, porém, criar construtores que aceitam parâmetros. Veja um exemplo no *script* 6.5.

Script 6.4: construtor-1.py

```
1  #!/usr/bin/env python3
2  class Pedido:
3      descricao = ""
4      valor = 0
5      def __init__(self):
6          print("O pedido foi criado")
7
8  pedido1 = Pedido()
9  #Nesse ponto, o script escreve:
10 #O pedido foi criado
```

Script 6.5: construtor-2.py

```
#!/usr/bin/env python3
class Pedido:
    descricao = ""
    valor = 0
    def __init__(self, descricao):
        self.descricao = descricao
        print("Pedido criado:",descricao)

pedido2 = Pedido("Pizza")
#Resultado:
#Pedido criado: Pizza
```

Ao contrário de outras linguagens como o C++ ou o JAVA, o Python não permite a criação de múltiplos construtores. Porém, podemos criar um construtor com um conjunto de parâmetros com valores *default.* Veja um exemplo no *script* 6.6.

Script 6.6: construtor-3.py

```
#!/usr/bin/env python3
class Pedido:
    descricao = ""
    valor = 0
    def __init__(self, descricao=""):
        self.descricao = descricao
```

```
        print("Pedido criado:",descricao)

pedido2 = Pedido()
pedido2 = Pedido("Pizza")
#Resultado:
#Pedido criado:
#Pedido criado: Pizza
```

Exercício 6.3. Altere o *script* 6.3 incluindo um *construtor de cópia*. O funcionamento é o seguinte: um objeto do tipo `Cliente` é passado como parâmetro para o construtor. O construtor lê cada parâmetro do objeto recebido, e copia seus valores para seus atributos internos. Ao final do método, os dois objetos são idênticos.

Dica: se você definir o construtor no formato

def __init__(self, objOriginal=0):

Nesse caso, se o construtor é chamado sem identificar o objeto a ser copiado, a variável vale `0`. *Se a variável* `objOriginal` *for diferente de zero, significa que é necessário realizar a cópia.*

Exercício 6.4. Faça uma classe `Ponto` com 2 atributos, *x* e *y*. Essa classe deve possuir um método `escreve(self)`, que escreve na tela os valores desses dois atributos. Adicionalmente, deve possuir um construtor `__init__(self, x0, y0)` que recebe como parâmetro dois valores, e os usa para inicializar os valores de *x* e *y*.

Exercício 6.5. Modifique o construtor do exercício anterior para, caso não seja especificado nenhum valor de $x0$ e $y0$ na chamada do construtor, sejam atribuídos os valores $x = 5$ e $y = 3$. Dica: use valores padrões para os parâmetros do construtor.

6.2 • Herança

Qualquer linguagem orientada a objeto permite o mecanismo de *herança* de classes. O exemplo mais clássico de herança (e presente em 95% dos exemplos de livros), envolve um conceito simples: cachorros latem. Labradores são cachorros grandes. E, por definição, labradores latem.

Vamos "falar em orientação a objetos": analise o *script* 6.7. Em primeiro lugar, é definida uma classe chamada `Cachorro` (linhas 2-5). Essa classe define um método, `fale` (linhas 4 e 5).

Logo após, as linhas 7 e 8 definem outra classe, `Labrador`, que *extende* a classe `Cachorro`. Isso significa que tudo o que é definido em `Cachorro`, também é definido em `Labrador`. Isso é demonstrado posteriormente (linhas 10-14), quando são criados um objeto do tipo `Cachorro` e um objeto do tipo `Labrador` e são acionados os respectivos métodos `fale()`.

Script 6.7: heranca.py

```
1  #!/usr/bin/env python3
2  class Cachorro:
3      tamanho = 0
4      def fale(self):
5          print("Auuuuu!!!")
6
7  class Labrador(Cachorro):
8      tamanho = 10
9
10 viraLata = Cachorro()
11 viraLata.fale()
12
13 thor = Labrador()
14 thor.fale()
```

O mecanismo da *herança* permite que um conjunto de classes tenha uma mesma "classe-mãe", que pode definir um conjunto de métodos comuns. E podemos ir além, fazendo uma classe "herde" mais de uma classe ao mesmo tempo. Veja um exemplo no *script* 6.8. Nesse *script*, a classe `Labrador` possui duas *classes-base*: `Animal` (que define o método `alimenta()`) e `Cachorro` (que define o método `fale()`). Ambos os métodos são chamados nas linhas `13` e `14`.

Script 6.8: herancaMultipla.py

```
1  #!/usr/bin/env python3
2  class Animal:
3      def alimenta(self):
4          print("alimentou")
5  class Cachorro:
6      tamanho = 0
7      def fale(self):
8          print("Auuuuu!!!")
9
10 class Labrador(Cachorro, Animal):
11     tamanho = 10
12
13 viraLata = Cachorro()
14 viraLata.fale()
15
16 thor = Labrador()
17 thor.fale()
18 thor.alimenta()
19 #Resultado:
20 #Auuuuu!!!
21 #Auuuuu!!!
22 #alimentou
```

Exercício 6.6. Crie uma classe `Som`. Essa classe possui um atributo `frequencia`. Dessa classe, derive uma outra classe, `NotaMusical`, que possui o atributo `Nome`. Faça um programa que armazene 3 notas: Nome="Dó" frequencia=132, Nome="Ré" frequencia=148.1 e Nome="Mi" frequencia=166.3.

Exercício 6.7. Modifique as classes acima e crie, em cada uma delas, uma função `escreve(self)`. Na classe Som, esse método deve escrever na tela o valor do atributo frequencia. Na classe NotaMusical, deve escrever o valor do atributo frequencia e o atributo nome separado por vírgula.

6.3 • Métodos especiais

Um objeto em Python possui um conjunto de métodos especiais que podemos implementar em nossas classes para usar funções e expressões padrões da linguagem. Alguns desses métodos são mostrados abaixo:

Método __str__(self): retorna a representação em *string* do objeto. Veja um exemplo no *script* 6.9.

Script 6.9: mestr.py

```
class minhaClasse:

    #Construtor. Define duas variáveis globais da classe para uso futuro
    def __init__(self):
        self.nome = ""
        self.idade = -1

    #Implementação do método __str__
    def __str__(self):
        ret = "{0}({1} anos)".format(self.nome, self.idade)
        return ret

#Usando a classe
mc = minhaClasse()  #Criamos a classe
mc.nome = "João"
mc.idade = 51

print(mc) #Chamamos o método __str__
#Escreve na tela:
#João(51 anos)
```

Método __repr__(self): retorna a representação canônica do objeto. Em linhas gerais, espera-se que o método __str__ seja inteligível aos olhos humanos. O método __repr__, por sua vez, deve conter todos os elementos necessários para representar o objeto em questão. Veja um exemplo no *script* 6.10.

Script 6.10: merepr.py

```
class minhaClasse:

    #Construtor. Define duas variáveis globais da classe para uso futuro
    def __init__(self):
        self.nome = ""
        self.idade = -1
        self.sexo = ""

    #Implementação do método __repr__
    def __repr__(self):
        ret = "[{0},{1},{2}]".format(self.nome, self.sexo, self.idade)
        return ret

#Usando a classe
mc = minhaClasse()  #Criamos a classe
mc.nome = "João"
mc.idade = 51
mc.sexo = "M"

print(repr(mc))
#Escreve na tela:
#[João,M,51]
```

Métodos para comparações: quando o Python se depara com operadores como o $\geq$, = e outros, ele tenta chamar alguns métodos, conforme Tabela 6.1. O *script* 6.11 mostra a implementação do método __eq__.

Tabela 6.1. Métodos para comparação

Método	Operador correspondente	Descrição
__eq__	==	Igualdade
__ne__	! =	Desigualdade
__lt__	$<$	Menor
__le__	$\leq$	Menor ou igual
__gt__	$>$	Maior
__ge__	$\geq$	Maior ou igual

Exercício 6.8. Modifique a classe `NotaMusical` usada nos exercícios anteriores fazendo a função `print(objeto)` que escreve os valores dos atributos nota e frequência do objeto.

Exercício 6.9. Modifique a classe `Som` usada nos exercícios anteriores para que seja possível determinar se uma frequência é maior que a outra usando o operador `>`. Por exemplo, sejam dois objetos `som1` e `som2`, `print(som1 > som2)` deve retornar verdadeiro se `som1.frequencia > som2.frequencia`.

Script 6.11: meeq.py

```
class minhaClasse:

    #Construtor. Define duas variáveis globais da classe para uso futuro
    def __init__(self):
        self.nome = ""
        self.idade = -1
        self.sexo = ""

    #Implementação do método __eq__
    def __eq__(self, other):
        return self.nome == other.nome

#Usando a classe
mc1 = minhaClasse()
mc1.nome, mc1.idade, mc1.sexo = "João", 51, "M"
mc2 = minhaClasse()
mc2.nome, mc2.idade, mc2.sexo = "Felipe", 51, "M"

if mc1 == mc2:
    print("A idade é igual")
else:
    print("A idade é diferente")

#Resultado
#A idade é diferente
```

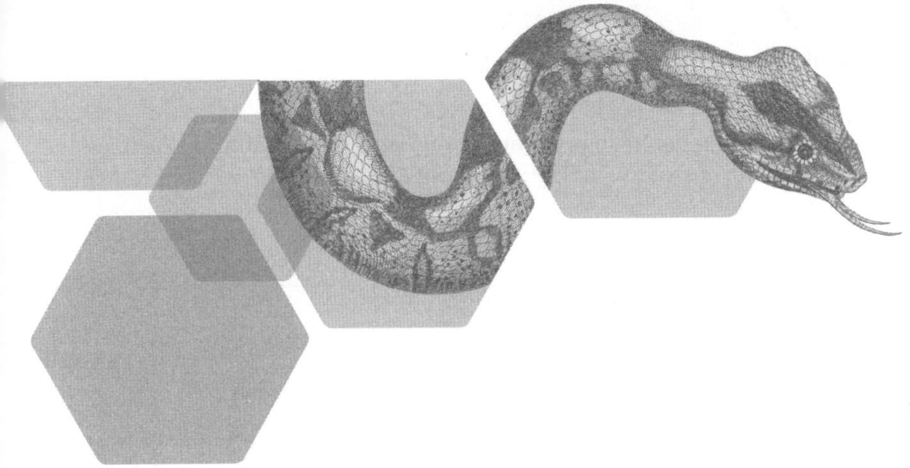

7
Quando algo dá errado...

> Muitas vezes, as coisas saem do controle. Desde uma simples divisão por zero, um erro de transmissão de arquivos, um erro proveniente de uma base de dados... e precisamos de alguma forma de não importunar o usuário com mensagens de erro incompreensíveis. Para isso, o Python – e várias outras linguagens – adotam o conceito de exceções (*exceptions*).

Vamos antes, entender de qual tipo de erro estamos falando. Existem dois tipos principais de erros: erros de *compilação* (ou, no caso do Python, um erro que ocorre na interpretação do *script*) e erros em *tempo de execução* (*runtime error*). Vamos ilustrar com dois exemplos:

- **Erro de sintaxe:** se executamos um *script* com um comando `ppprint("A")`, o interpretador Python vai mostrar um *erro de sintaxe* ao tentar interpretar essa linha.

- **Erro de execução:** seja um *script* com uma variável `x`, e uma instrução `divisao = 2/x`. Se `x=0`, o interpretador Python vai escrever o erro `ZeroDivisionError: division by zero`. Veja aqui a diferença: o erro, nesse caso, ocorre apenas se a variável `x` for `0`, mas ***o script* é sintaticamente válido!**. Ou seja, o erro foi causado por algo inesperado durante a execução.

Em linguagens compiladas, como o C++, o tratamento de erro se dá apenas com os *runtime errors*. Porém, no Python, qualquer erro pode ser tratado durante a execução do *script*.

Em suma: quando um erro ocorre, o interpretador Python cria um objeto `Exception` relacionado com o erro. Se o *script* estiver preparado para tratar erros, sua execução é desviada para o ponto do programa apropriado. Caso contrário, o erro é escrito na saída padrão (no nosso caso, o IDLE) e o *script* é interrompido. Veja um exemplo no *script* 7.1.

Script 7.1: exception-1.py

```
1  #!/usr/bin/env python3
2  x = 3
3  while True:
4      try:
5          print (10/x)
6          x = x-1
7      except ZeroDivisionError:
8          print ("ops... divisão por zero. Saindo do programa.")
9          break
10 #Resultado:
11 #3.3333333333333335
12 #5.0
13 #10.0
14 #ops... divisão por zero. Saindo do programa.
```

Ao analisar o *script* 7.1, percebemos que existem duas instruções que ainda não foram tratadas neste livro: `try:` (linha 4) e `except ZeroDivisionError:` (linha 7). Em resumo: quando chega na linha 4, o interpretador Python tenta executar os comandos que estão no bloco `try` (ou seja, as linhas 5 e 6). Se ocorrer o erro `ZeroDivisionError`, a execução do programa é desviada para o bloco referente à instrução `except` (linhas 8 e 9).

Vamos tomar outro exemplo: vamos supor que temos um *script* que se utiliza de um código externo (como ocorre, por exemplo, no caso de *plugins* em alguns softwares comerciais). O comando que processa um arquivo externo é o `import`. Ou seja, ao analisarmos o *script* 7.2, percebemos que a única coisa que ele faz é processar o *script* `importok.py` (*script* 7.3).

Script 7.2: exception-2.py

```
#!/usr/bin/env python3
import importok
#Resultado:
#FUNCIONEI?
```

Script 7.3: importok.py

```
#!/usr/bin/env python3
print("FUNCIONEI?")
```

O problema dessa abordagem é que podem ocorrer erros durante a interpretação do arquivo “importado”. Veja os *scripts* 7.4 e 7.5.

Script 7.4: exception-2a.py

```
#!/usr/bin/env python3
import importerror
```

Script 7.5: importerror.py

```
1 #!/usr/bin/env python3
2 ppprint("FUNCIONEI?")
```

Existe um erro de sintaxe claro no *script* 7.5 (o comando `ppprint` da linha 2 não existe). Quando executado, o Python nos resulta o seguinte erro:

```
Traceback (most recent call last):
    File "exception-2a.py", line 2, in <module>
        import importerror
    File "importerror.py", line 2, in <module>
    ppprint("FUNCIONEI?")
NameError: name 'ppprint' is not defined
```

Porém, é possível evitar que o programa pare por esse erro. Veja o *script* 7.6.

Script 7.6: exception-2b.py

```
#!/usr/bin/env python3
try:
    import importerror
except NameError:
    print ("Não foi possivel processar o script importerror")
#Resultado:
#Não foi possivel processar o script importerror
```

Uma mesma instrução `try` pode ser usada para tratar vários erros. Inclusive podemos utilizá-la sem especificar o tipo de erro. A sintaxe completa é mostrada a seguir:

```
try:
    código principal
except erro 1:
    tratamento do erro 1
except erro 2:
    tratamento do erro 2
except:
    tratamento dos demais erros
finally:
    Esse código será executado após qualquer bloco except
```

7.1 "Disparando" exceções

O Python permite que um *script* "dispare" exceções se necessário. Um exemplo é mostrado no *script* 7.7.

Script 7.7: raise-exception.py

```
1 #!/usr/bin/env python3
2 a = input("Entre com um número")
3 if int(a) == 0:
4     raise Exception("Escreveu zero")
5 print(a)
```

Se o usuário digitar `0`, o resultado será:

```
Traceback (most recent call last):
    File "raise-exception.py", line 4, in <module>
        raise Exception("Escreveu zero")
Exception: Escreveu zero
```

Perceba, na linha 4, que a sintaxe utilizada para criar uma exceção é exatamente a mesma que se utiliza para criar um objeto (veja o Capítulo 6). Isso porque uma exceção é um objeto da classe `Exception`. Com isso, usando os conceitos de herança, qualquer um pode criar exceções personalizadas. Veja um exemplo no *script* 7.8.

Script 7.8: my-exception.py

```
#!/usr/bin/env python3
class SenhaInvalida(Exception):
    pass #não faz nada, só muda o tipo da Exception

raise SenhaInvalida("abc")
```

O resultado é mostrado a seguir:

```
Traceback (most recent call last):
    File "my-exception.py", line 5, in <module>
        raise SenhaInvalida("abc")
SenhaInvalida: abc
```

Exercício 7.1. Seja uma variável "entrada". Faça um *script* que tente achar o valor inteiro de entrada e o multiplique por 2, escrevendo esse valor na tela. Se houver um erro na conversão, escreva "NaN".

Exercício 7.2. Seja uma lista chamada "entrada". Faça um *script* que escreva o elemento 1 da lista. Caso esse elemento não exista, deve escrever "Erro: tamanho de lista inválida".

Exercício 7.3. Faça uma função que recebe uma *string* com números separados por espaços. A função deve retornar a soma dos números. Se algum elemento da *string* não for um número, ele deve ser descartado. Por exemplo:

Entrada: "1 2 3 abc 2"

Retorno da função: 8

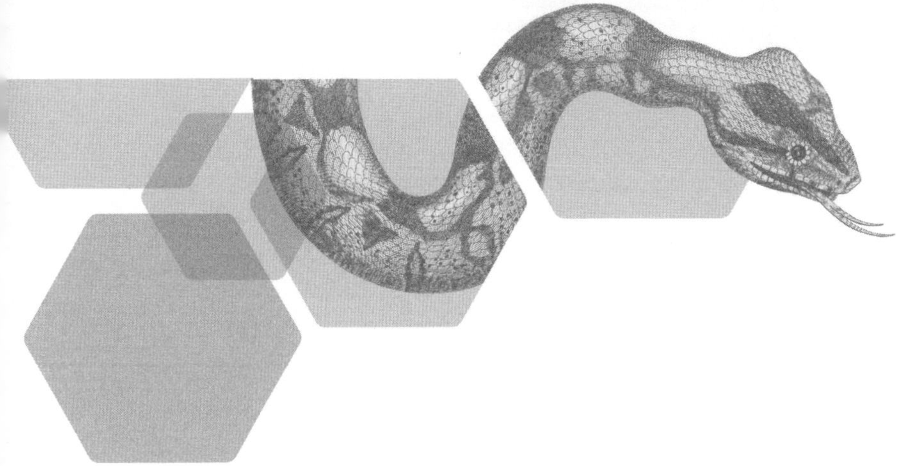

PARTE II

Além do teclado

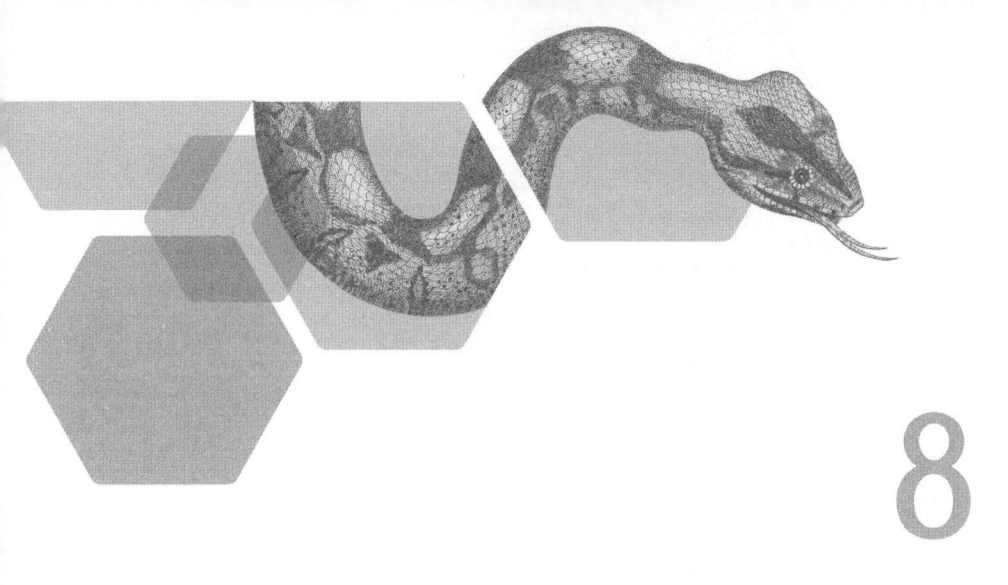

8

Arquivos, diretórios etc.

8.1 Arquivos-texto

8.1.1 Leitura de arquivos

Existem várias formas de se ler um arquivo-texto no Python. Vamos tomar como exemplo o seguinte arquivo-texto, chamado `entrada.txt`

```
NOME        NOTA
Alexandre    9.0
Camila       7.5
Eduardo      3.0
Felipe       1.0
Lucas        8.7
Mariana      6.1
Maurício     2.1
Tiago       10.0
```

O *script* 8.1 mostra a forma mais simples de leitura de arquivo-texto. Esse *script*: (i) abre o arquivo para leitura (linha `3`); (ii) usando o comando `for`, recupera linha a linha do arquivo (linha `6`); (iii) escreve na tela a linha (note que, como o arquivo-texto já possui o delimitador de fim de linha, temos de determinar ao `print` que não escreva outro fim de linha - isso é realizado com o `end=""`); (iv) a linha `10` fecha o arquivo.

Script 8.1: file-read-1.py

```
#!/usr/bin/env python3
#Abre o arquivo
objFile = open("entrada.txt", "r")

#lê o arquivo linha a linha
for linha in objFile:
    print(linha, end="")

#Fecha o arquivo
objFile.close()

#Resultado:
"""
conteudo do entrada.txt
(dados suprimidos para facilitar leitura)
"""
```

Outra forma possível é trazer todo o arquivo para memória, conforme demonstrado no *script* 8.2. Nesse *script*, a linha `5` indica ao interpretador Python que ele deve ler todo o arquivo e inserir seu conteúdo na variável `todoConteudo`. As linhas `9` e `10` apenas ilustram uma forma de acessar esse conteúdo linha a linha.

Script 8.2: file-read-2.py

```
1  #!/usr/bin/env python3
2  #Abre o arquivo
3  objFile = open("entrada.txt", "r")
4  
5  todoConteudo = objFile.read()
6  print(todoConteudo)
7  print("-----------------")
8  #Dica: se quiser, pode usar o for para ler linha a linha:
9  for linha in todoConteudo:
10     print(linha,end="")
11 
12 #Fecha o arquivo
13 objFile.close()
14 
15 #Resultado:
16 """
17 conteudo do entrada.txt
18 -----------------
19 conteudo do entrada.txt
20 (dados suprimidos para facilitar leitura)
21 """
```

O *script* 8.3 é muito semelhante ao *script* 8.2. A diferença é que o método `readlines()` da linha `5` traz uma lista de *strings*, onde cada elemento da lista é uma linha (veja a linha `17`).

Script 8.3: file-read-3.py

```
#!/usr/bin/env python3
#Abre o arquivo
objFile = open("entrada.txt", "r")

todoConteudo = objFile.readlines()
print(todoConteudo)
print("-----------------")
#Dica: se quiser, pode usar o for para ler linha a linha:
for linha in todoConteudo:
    print(linha,end="")

#Fecha o arquivo
objFile.close()

#Resultado:
"""
['NOME\tNOTA\n', 'Alexandre\t9.0\n', 'Camila\t7.5\n', 'Eduardo\t3.0\n',
    'Felipe\t1.0\n', 'Lucas\t8.7\n', 'Mariana\t6.1\n',
    'Maurício\t2.1\n', 'Tiago\t10.0\n']
-----------------
conteudo do entrada.txt
(dados suprimidos para facilitar leitura)
"""
```

Por fim, o *script* 8.4 apresenta o comando `readline()`. Esse comando atribui à variável `linha` a *string* correspondente à próxima linha ainda não lida do arquivo. Se todo o arquivo já estiver lido, `linha` retorna vazio e o `while` da linha 7 é encerrado.

Script 8.4: file-read-4.py

```
1  #!/usr/bin/env python3
2  #Abre o arquivo
3  objFile = open("entrada.txt", "r")
4
5  linha = objFile.readline()
6
7  while linha: #enquanto linha não for vazio
8      print (linha,end="")
9      linha = objFile.readline()
10
11 #Fecha o arquivo
12 objFile.close()
13
14 #Resultado:
15 """
16 conteudo do entrada.txt
17 (dados suprimidos para facilitar leitura)
18 """
```

Lendo arquivos-texto com dados

Muitos *scripts* dependem de arquivos-texto para inserção de dados de configuração, processamento etc. Para isso, se estabelece um formato de arquivo e cria-se um *parser* (algo como *analisador*) para extrair as informações necessárias. Vamos tomar, por exemplo, o arquivo `entrada.txt` listado no início do capítulo. Veja na Figura 8.1 o resultado de alguns comandos inseridos no modo iterativo no IDLE:

```
>>> objFile = open("entrada.txt", "r")
>>> linha = objFile.readline()
>>> print(linha)
NOME	NOTA

>>> linha
'NOME\tNOTA\n'
>>> |
```

Figura 8.1. Lendo uma linha do arquivo entrada.txt.

De acordo com o que vemos na Figura 8.1, a primeira linha do arquivo contém dois caracteres de controle: o `\t` e o `\n`. O primeiro, inclui uma tabulação; o segundo, significa que o que vir depois será uma nova linha. Esse mesmo formato se mantém para as outras linhas: duas colunas separadas pelo caractere `\t` e a linha terminada por `\n`.

Para ler os dados do arquivo `entrada.txt`, precisamos de fazer o seguinte:

1. Pular a primeira linha (pois essa é apenas o título das colunas, não contém dados);
2. Para cada linha restante, temos de dividir a *string* em duas partes, de acordo com o caractere `\t`. Temos também de remover o caractere `\n`. Nos interessa a segunda coluna de cada linha.

A Figura 8.2 mostra como fazer, no modo iterativo, para ler o valor da primeira linha do arquivo `entrada.txt`.

```
>>> objFile = open("entrada.txt", "r")
>>> linha = objFile.readline()
>>> linha = objFile.readline()
>>> linha
'Alexandre\t9.0\n'
>>> linha.split()
['Alexandre', '9.0']
>>> linha.split()[1]
'9.0'
>>> float(linha.split()[1])
9.0
>>> |
```

Figura 8.2. Obtendo o valor de uma das linhas do arquivo entrada.txt.

O comando `linha.split()` divide a *string* usando caracteres que representam espaços como delimitadores. O resultado é uma lista, conforme mostrado na Figura 8.2.

Usando esse princípio, o *script* 8.5 lê o arquivo `entrada.txt` e retorna a soma de todos os valores presentes.

Script 8.5: file-read-5.py

```
#!/usr/bin/env python3
objFile = open("entrada.txt", "r")

linha = objFile.readline()
linha = objFile.readline()
soma = 0
while linha: #enquanto linha não for vazio
    soma = soma + float(linha.split()[1])
    linha = objFile.readline()

print(soma)

#Fecha o arquivo
objFile.close()
```

Exercício 8.1. Faça um *script* Python que escreva na tela as primeiras 3 linhas de um arquivo-texto.

Exercício 8.2. Faça um *script* Python que leia um arquivo-texto no formato abaixo, e obtenha a soma da segunda coluna. Dica: use o método `split()` e `float`.

A 2
B 3
W 1
R 4

8.1.2 Escrita de arquivos

Seguindo o padrão observado em várias outras linguagens, existem dois modos de escrita de dados em arquivos no Python: *a* e *w*. Se o arquivo indicado não existir, ambos funcionam de forma igual. No caso do arquivo indicado existir, *a* (*append*) mantém o conteúdo existente, e adiciona as novas informações no final do arquivo; *w* (*write*), por sua vez, apaga o arquivo original e inclui apenas as informações indicadas. Os *scripts* 8.6 e 8.7 mostram exemplos mínimos de escrita em arquivos. Note que ambos os exemplos sao bem similares: a linha 3 de ambos abre o arquivo (usando o modo *a* ou *w*). Logo depois, o método `write` escreve a *string* indicada e o método `close()` fecha o arquivo.

Script 8.6: file-write-1.py

```
1 #!/usr/bin/env python3
2 #Abre o arquivo
3 objFile = open("saida.txt", "w")
4 novoTexto = "Nova Linha\n"
5 objFile.write(novoTexto)
6 objFile.write(novoTexto)
7 objFile.close()
```

Script 8.7: file-append-1.py

```
#!/usr/bin/env python3
#Abre o arquivo
objFile = open("saida.txt", "a")
novoTexto = "Adicionando..."
objFile.write(novoTexto+"\n")
objFile.close()
```

O método `writelines`

Existe outra forma de se inserir informações em arquivos: o método `writelines()`. Esse método recebe como parâmetro uma lista, e insere cada elemento da mesma, linha a linha. Veja um exemplo no *script* 8.8:

Script 8.8: file-write-2.py

```
#!/usr/bin/env python3
#Abre o arquivo
objFile = open("saida.txt", "w")
novoTexto = ["ABC\n", "DEF\n", "FIM\n"]
objFile.writelines(novoTexto)
objFile.close()
```

Perceba que, ao contrário do comando `print()`, os métodos `write()` e `writelines()` não inserem o caractere de fim de linha nos dados inseridos. Isso deve ser feito explicitamente, conforme mostrado nos *scripts* anteriores.

Exercício 8.3. Faça um *script* Python que, leia um valor em uma variável *n* (numérico) e escreva um arquivo `saida.txt` com o seguinte conteúdo:

Linha 0
Linha 1
Linha 2
(...)
Linha n

Exercício 8.4. Faça um *script* Python que lê o arquivo `entrada.txt`, e gere um relatório salvo em arquivo. Esse relatório deve conter:

1. O número de alunos;
2. O número de reprovações (notas abaixo de 7.0);
3. A média da turma.

Um exemplo de conteúdo do arquivo entrada.txt:

```
NOME          NOTA
Alexandre      9.0
Camila         7.5
Eduardo        3.0
Felipe         1.0
Lucas          8.7
Mariana        6.1
Maurício       2.1
Tiago         10.0
```

8.1.3 Outras formas de se acessar um arquivo em Python

Além do `r`, `w` e `a`, existem vários outros modos de abertura de arquivos usando o Python, embora sejam de uso menos frequente. Esses modos são descritos na Tabela 8.1.

Tabela 8.1. Modos de abertura de arquivos

Caractere	Significado
'r'	abre o arquivo para leitura
'w'	abre o arquivo para escrita
'x'	abre o arquivo para escrita, dá erro se o arquivo já existir
'a'	abre o arquivo para escrita, incluindo as novas informações no final do arquivo
'b'	modo binário
't'	modo texto (padrão)
'+'	abre o arquivo para atualização (pode ser combinado com leitura e escrita)

Exercício 8.5. Faça um *script* Python com uma função `log(texto)`, que adiciona o conteúdo da variável `texto` no fim do arquivo *log.txt*.

Exercício 8.6. Considere o seguinte arquivo abaixo com os atributos de nome e idade:

Roberto;19

Caio;39

Fabiana;40

Tereza;75

Fábio;97

Faça: i) um procedimento que leia o arquivo acima para uma estrutura em Lista; ii) faça um procedimento para ordenar a Lista pelo nome; iii) faça um procedimento para ordenar a lista pela idade; iv) faça um procedimento para calcular a idade média; v) faça um procedimento para imprimir o nome da pessoa mais velha; vi) faça um procedimento para imprimir o nome da pessoa mais nova; vii) faça um procedimento que leia os dados de uma nova pessoa; viii) faça um procedimento que sobrescreva o arquivo utilizando os dados da lista e mantendo o formato separado por ponto e vírgula.

8.2 Diretórios e arquivos

Para estender as funcionalidades padrão do Python, desenvolvedores de todo o mundo vêm criando *módulos* ou *bibliotecas*. Para se ter acesso ao sistema operacional por exemplo, foi criado a biblioteca `os`. O *script* 8.9 mostra um exemplo mínimo, onde o módulo `os` é carregado e a função `getcwd()` é chamada para listar o diretório atual do *script*.

Script 8.9: os-1.py

```
#!/usr/bin/env python3
import os #importa o módulo os

print(os.getcwd()) #escreve o diretório atual do script
```

A Tabela 8.2 apresenta algumas funções importantes do módulo `os`:

Tabela 8.2. Funções úteis da biblioteca `os`

Função	Descrição
`os.chdir(x)`	Altera o diretório atual de trabalho para `x`
`os.getcwd()`	Retorna o diretório atual de trabalho
`os.listdir(x)`	Retorna uma lista com todos os membros (arquivos e subdiretórios) do diretório atual. Se `x` for omitido, lista os membros do diretório atual do *script*
`os.mkdir(x)`	Cria o subdiretório `x`
`os.remove(x)`	Remove o arquivo `x`
`os.rmdir(x)`	Remove o diretório `x`
`os.removedirs(x)`	Tenta remover o diretório `x` em conjunto com todos os seus subdiretórios
`os.rename(de, para)`	Renomeia o arquivo ou diretório `de` para o novo nome `para`

Exercício 8.7. Faça um *script* Python que crie um diretório chamado "meudir" e, dentro dele, um arquivo "meuArquivo.txt" com o texto "Meu texto!".

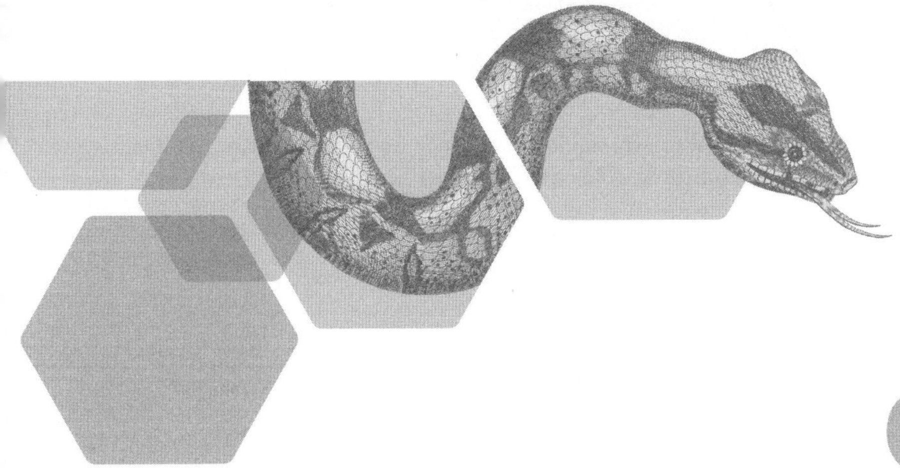

9 Clientes e servidores

9.1 • Afinal, o que é "cliente-servidor"?

A arquitetura cliente-servidor é a base de funcionamento do TCP-IP (que é o protocolo presente em redes locais e na Internet). No TCP-IP, qualquer dispositivo ligado à rede é chamado *host*. E o cliente-servidor possui dois tipos de *hosts*: o servidor (que fica aguardando a conexão do cliente) e o cliente (que inicia a conexão para troca de dados).

Muito sinteticamente, a comunicação cliente-servidor funciona da seguinte forma: um *host* (normalmente um computador) fica "ligado", aguardando uma conexão. Esse *host* é o **servidor**. Em certo momento, outro *host* (o **cliente**) se conecta ao servidor e envia uma informação. O servidor, responde. Quando a comunicação termina, o cliente encerra a conexão. Esse procedimento é ilustrado na Figura 9.1.

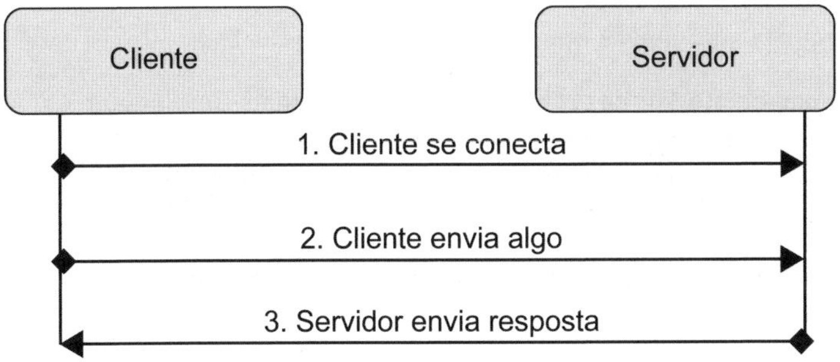

Figura 9.1. A sequência de ações da arquitetura cliente-servidor.

Para se comunicar com um servidor, o cliente precisa de duas informações:

- O **endereço IP** do servidor (pode ser um nome, se o mesmo for reconhecido pelo sistema operacional);

- A **porta** que o servidor está ouvindo (um endereço lógico, que normalmente está relacionada com o tipo de serviço fornecido).

9.2 • Implementando um cliente-servidor

Como exemplo de cliente-servidor, precisamos de dois *scripts*: o cliente (*script* 9.1) e o servidor (*script* 9.2). Lembre-se, quando for executá-los, você deve acionar o servidor **antes** do cliente!

Script 9.1: client-1.py

```
1  #!/usr/bin/env python3
2  import socket
3
4  print("Cliente")
5  # Cria o objeto socket
6  s = socket.socket(socket.AF_INET, socket.SOCK_STREAM)
7  # Obtém o nome do host e configura a porta
8  host = socket.gethostname()
9  print ("Host =",host)
10 port = 9999
11
12 # Conecta o socket no host e na porta especificados
13 s.connect((host, port))
14 # Envia algo
15 s.sendall(bytes("texto original",'UTF-8'))
16 # Recebe a resposta
17 rec = s.recv(1024)
18 print("Recebido",rec.decode("utf-8"))
19
20 s.close()
```

Analisando o *script* 9.1, temos:

linha 2: Importa a biblioteca que contém a classe `socket`.

linha 6: Cria o objeto `socket`. Um socket é a forma mais simples com o qual dois *hosts* podem se comunicar. `socket.AF_INET` e `socket.SOCK_STREAM` são parâmetros que definem, respectivamente, a família de endereços e o tipo do *socket* (costumam ser valores padrão nesse tipo de aplicação).

linha 8: Determina o nome do *host* (ou seja, o nome do computador) em que o *script* está sendo executado.

linha 10: Atribuímos (arbitrariamente) a porta `9999` para ser usada pelo *script*.

linha 13: Conectamos o cliente ao servidor. Note que, aqui, estamos supondo que tanto o cliente quanto o servidor estão no mesmo computador! (pois a linha 8 estabelece que o *host* é o computador que está executando esse *script*).

linha 15: Envia dados ao servidor.

linha 17: Recebe a resposta do servidor.

linha 20: Fecha a conexão com o servidor.

Note que a comunicação entre clientes e servidores se dá através de objetos `byte`. A conversão de `string` para `byte` se dá através do construtor `bytes(texto, codificação)` (veja a linha 15). A conversão entre `byte` para `string` se dá através do método `decode(codificação)` (veja a linha 18).

Vamos agora analisar o servidor.

Script 9.2: server-1.py

```
1  #!/usr/bin/env python3
2  import socket
3  print("Servidor")
4  # Cria o objeto socket
5  serversocket = socket.socket(
6                  socket.AF_INET, socket.SOCK_STREAM)
7  serversocket.setsockopt(socket.SOL_SOCKET, socket.SO_REUSEADDR, 1)
8  # Obtém o nome do host e configura a porta
9  host = socket.gethostname()
10 print ("Host =",host)
11 port = 9999
12 # Liga o socket ao host e porta
13 serversocket.bind((host, port))
14 serversocket.listen(1)
15 
16 while True:
17         clientsocket,addr = serversocket.accept()
18         #Aguarda a conexão de um cliente
19         recebido = clientsocket.recv(1024)
20         if not recebido: break
21         #transforma byte em string
22         print(recebido)
23         strRecebido = recebido.decode('UTF-8')
24         print(str(host), ":", strRecebido)
25         clientsocket.send( bytes(strRecebido.upper(), 'UTF-8'))
26 clientsocket.shutdown(socket.SHUT_RDWR)
27 clientsocket.close()
```

Alguns elementos do *script* 9.2 já foram usados no *script* 9.1. Os elementos a seguir são exclusivos do servidor:

linhas 5 e 6: Cria um *socket* do tipo servidor. O *socket* servidor basicamente “reserva” a porta e cria um *socket* cliente para tratar o fluxo de dados.

linha 7: Configura o *socket* servidor.

linha 13: Informa ao sistema operacional que esse *socket* servidor vai estar ligado à porta especificada.

linha 14: Aguarda por conexões realizadas ao *socket*.

linha 15: Aceita uma conexão. Ao se conectar, retorna dois objetos, um *socket* cliente e o endereço do cliente que se conectou.

linha 26: Termina a conexão.

linha 27: Libera os recursos relacionados com a conexão. Note que o método `close()` não termina a conexão imediatamente, por isso o comando `shutdown` é acionado na linha anterior.

Observe que o servidor continua "conversando" com o cliente até que esse termine a conexão. Caso sejam necessárias mais iterações, bastaria nesse caso aumentar o número de elementos enviados e recebidos pelo cliente. Veja um exemplo no *script* 9.3.

Script 9.3: client-2.py

```
#!/usr/bin/env python3
import socket

print("Cliente")
# Cria o objeto socket
s = socket.socket(socket.AF_INET, socket.SOCK_STREAM)
# Obtém o nome do host e configura a porta
host = socket.gethostname()
print ("Host =",host)
port = 9999

# Conecta o socket no host e na porta especificados
s.connect((host, port))
# Envia algo
s.sendall(bytes("texto original",'UTF-8'))
# Recebe a resposta
rec = s.recv(1024)
print("Recebido",rec.decode("utf-8"))

s.close()
```

Exercício 9.1. Modifique o servidor do *script* 9.1: faça o o programa que recebe um texto do teclado e envia o mesmo para o servidor.

Exercício 9.2. Modifique o servidor do *script* 9.2: faça o programa terminar quando receber do cliente a palavra "FIM".

Exercício 9.3. Um supermercado deseja fazer um controle de pessoas. Para isso, precisa de fazer um sistema cliente-servidor que funcione da seguinte forma: quando uma pessoa entra na loja, um *script* cliente envia ao servidor "1". Quando uma pessoa sai da loja, o *script* cliente envia "-1". A cada entrada e saída de cliente o servidor deve informar quantas pessoas estão no momento na loja. Dica: você pode fazer dois *scripts* cliente, um que envia "1" e outro que envia "-1".

Note que este capítulo não tem a intenção de esgotar o tema *sockets*. Uma fonte de informação adicional muito boa para continuar suas aventuras com conexões TCP-IP é a documentação do Python. O *link* é:

https://docs.python.org/3/library/socket.html

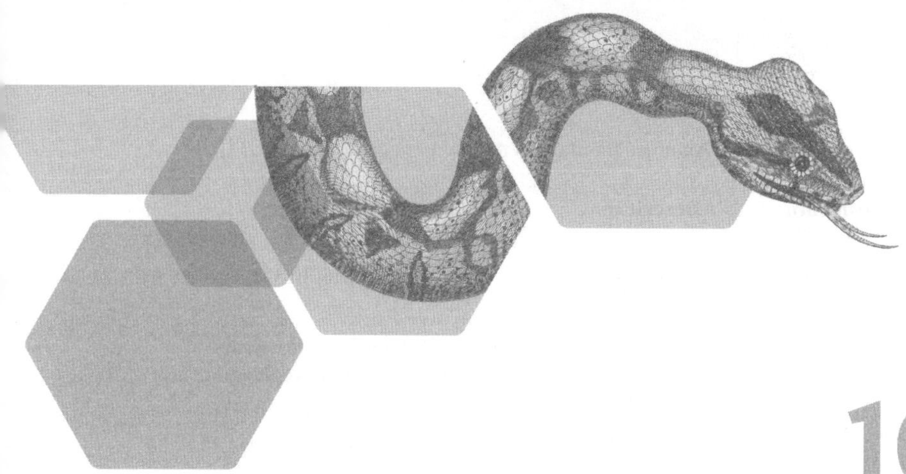

10

HTTP

> O HTTP é um protocolo com alto grau de detalhes. Embora uma descrição completa do mesmo fuja ao escopo deste livro, este capítulo mostra como o Python pode ser usado de forma simples para transferir informações com o HTTP.

O HTTP (*Hypertext Transfer Protocol*) é o protocolo base usado por toda a Internet. É esse o protocolo usado quando se acessa uma página WEB.

Muitas vezes, temos dados disponibilizados usando esse protocolo, que desejamos obter de forma automática. Esse é um dos motivadores de se implementar um cliente HTTP.

O HTTP prevê um conjunto de métodos para a troca de informação. Os mais usados são o `GET` e o `POST`.

O método `POST`, é usado para enviar dados a serem processados por *hosts*. É o método utilizado, por exemplo, por grande parte dos formulários WEB, assim como telas de *login* etc.

Já no método `GET`, informações adicionais à essa solicitação são incluídas à *string* da URL em questão. Esse é o método usado, por exemplo, em grande maioria pelos buscadores da Internet.

Toda troca de dados usando o HTTP possui um *cabeçalho*. A versão HTTP1.1 possui um total de 46 identificadores que podem ser utilizados. Alguns exemplos são listados na Tabela 10.1.

Adicionalmente, as especificações do HTTP identificam um conjunto de 5 categorias de *códigos de status*: status `1xx` (Informativos), `2xx` (Sucesso), `3xx` (Redirecionamento), `4xx` (Erro da requisição do cliente) e `5xx` (Erro de servidor). A Tabela 10.2 mostra alguns dos códigos de *status* mais comuns.

A seguir, serão mostrados códigos Python que tratam chamadas via `GET` e `POST`.

Tabela 10.1. Algumas mensagens padrão para os *headers* do HTTP

Identificador	**Descrição**	**Exemplo**
Content-Length	O número de octetos (bytes de 8 bits) da requisição	Content-Length: 348
Content-Type	O tipo MIME da requisição	Content-Type: text/plain Content-Type: application/x-www-form-urlencoded
Date	Momento em que a mensagem foi enviada	Date: Tue, 15 Nov 1994 08:12:31 GMT
Cache-Control	Identifica como os clientes e hosts intermediários devem tratar o cache das informações enviadas	Cache-Control: no-cache Cache-Control: max-age=3600

Tabela 10.2. Alguns códigos de *status* comuns

Código	**Descrição**
200	OK
301	Recurso movido permanentemente
302	Recurso movido temporariamente
404	Recurso não encontrado
500	Erro interno do servidor

10.1 • Cliente

Dica: uma página de teste

Para seu desenvolvimento com clientes WEB em Python, talvez seja interessante você usar uma página-teste, que permita validar seu código cliente (por exemplo, se os parâmetros estão sendo passados corretamente). Uma sugestão para tal é o uso de um servidor WEB de desenvolvimento Apache (o projeto www.xampp.org disponibiliza, a zero custo, uma instalação conjunta do Apache - servidor WEB - e MySQL - servidor de banco de dados). Alguns dos exemplos deste capítulo foram realizados pensando que você tem um servidor WEB/PHP na sua máquina, com o código do *script* 10.1 acessível pela URL http://localhost/lista.php.

Script 10.1: lista.php

```
Página de teste
<?php
echo "Variáveis GET enviadas:\n";
foreach ($_GET as $key => $value){
  echo "{$key} = {$value}\r\n";
}
echo "Variáveis POST enviadas:\n";
foreach ($_POST as $key => $value){
  echo "{$key} = {$value}\r\n";
}
?>
```

Buscando uma página WEB

Existem várias formas de se construir um cliente HTTP usando o Python. Provavelmente a mais simples de todas é usando a biblioteca `urllib`, conforme mostrado no *script* 10.2. Nesse código, a linha 3 usa o método `read()` para trazer a informação (página) referente à URL `www.python.org`. Essa informação vem no formato de *Byte*. Assim, a linha 4 transforma o *Byte* em *String*.

Script 10.2: http-client-1.py

```
1 #!/usr/bin/env python3
2 import urllib.request
3 emByte = urllib.request.urlopen( "http://www.python.org").read()
4 emString = emByte.decode('utf-8')
5 print(emString)
```

Embora esse código tenha funcionado, existe um detalhe que pode comprometer seu funcionamento: conforme mencionado anteriormente, a linha 4 transforma *Byte* em *String* usando a codificação `UTF-8`. Mas existem páginas WEB que não estão em `UTF-8`. Para resolver esse problema, uma das soluções normalmente adotada é a criação de uma função `byteToString`, que testa várias codificações existentes. Essa função, já incorporada na leitura de uma URL, é mostrada no *script* 10.3. Analise (se necessário, reveja os capítulos anteriores).

Script 10.3: http-client-2.py

```
#!/usr/bin/env python3
import urllib.request
def byteToString(string):
    codif=['utf8', 'cp1252']
    for c in codif:
        try:
            return string.decode(c)
        except:
            pass
emByte = urllib.request.urlopen( "http://www.ufscar.br").read()
print(emByte)
```

Outra forma de se usar o método GET

A `urlib` é uma biblioteca considerada por muitos de *alto nível*. O Python possui uma biblioteca onde conseguimos acesso mais direto ao protocolo HTTP. O *script* 10.4 mostra um exemplo. Note as similaridades entre os *scripts* 10.3 e 10.4!

Script 10.4: http-client-3.py

```
#!/usr/bin/env python3
import http.client
def byteToString(string):
    codif=['utf8', 'cp1252']
    for c in codif:
        try:
            return string.decode(c)
        except:
            pass

conn = http.client.HTTPConnection( "www.dep.ufscar.br")
conn.connect()
conn.request("GET", "/")
resposta = conn.getresponse()
print(resposta.status, resposta.reason)
data = resposta.read()
strData = byteToString(data)
print(strData)
conn.close()
```

Se for necessário, é possível enviar informações via GET. Isso é realizado no *script* 10.5.

Script 10.5: http-client-3-param.py

```
#!/usr/bin/env python3
import http.client, urllib.parse
def byteToString(string):
    codif=['utf8', 'cp1252']
    for c in codif:
        try:
            return string.decode(c)
        except:
            pass
params = urllib.parse.urlencode({'procura': 'true', 'nome': "Roberto",
    'tipoPesq': '1', 'tipo':'AND', 'Busca':'Busca'})
conn = http.client.HTTPConnection( "localhost")
conn.connect()
url = "/lista.php?"+params
print (url)
conn.request("GET", url)
resposta = conn.getresponse()
print(resposta.status, resposta.reason)
data = resposta.read()
strData = byteToString(data)
print(strData)
conn.close()
```

Usando o método POST

O *script* 10.6 mostra uma requisição do tipo POST, simulando uma submissão de um formulário em uma página WEB. Para isso, a linha `10` determina os parâmetros do formulário e seus respectivos valores, além de convertê-los para um padrão mais "amigável"ao HTTP; a linha `11` estabelece o cabeçalho do envio; as demais linhas enviam a requisição e obtém a resposta.

Script 10.6: http-client-4.py

```
1  #!/usr/bin/env python3
2  import http.client, urllib.parse
3  def byteToString(string):
4      codif=['utf8', 'cp1252']
5      for c in codif:
6          try:
7              return string.decode(c)
8          except:
9              pass
10 params = urllib.parse.urlencode( {'local': "Roma", 'modal':
       "Rodoviário"})
11 headers = {"Content-type": "application/x-www-form-urlencoded",
       "Accept": "text/plain"}
12 conn = http.client.HTTPConnection( "localhost:8080")
13 conn.request("POST", "/lista.php", params, headers)
14 response = conn.getresponse()
15 data = response.read()
16 print(byteToString(data))
17 conn.close()
```

10.2 • Servidor

Existem algumas aplicações onde pode ser necessária a criação de servidores HTTP (por exemplo, no uso de sistemas dedicados). Essa é uma tarefa relativamente simples com o Python. Para criar um servidor HTTP, é necessário um objeto que gerencie as requisições HTTP. Para isso, esse objeto deve extender a classe `BaseHTTPRequestHandler` e implementar os métodos necessários. Uma classe simples que faz isso é a `SimpleHTTPRequestHandler`, usada no *script* 10.7.

Script 10.7: http-server-1.py

```
#!/usr/bin/env python3
import http.server
import socketserver

PORT = 8080

Handler = http.server.SimpleHTTPRequestHandler
httpd = socketserver.TCPServer(("", PORT), Handler)
try:
```

```
10         print("Iniciando o servidor na porta ", PORT)
11         httpd.serve_forever()
12     except KeyboardInterrupt:
13         pass
14 
15     print("Finalizando o servidor...")
16     httpd.socket.close()
```

No caso em que se deseje expandir a classe `BaseHTTPRequestHandler`, devemos sobrescrever os métodos `do_GET`, `do_POST` e/ou `do_HEAD`. O *script* 10.8 mostra como isso seria feito (no caso, esse trecho substitui a linha 7 do *script* 10.7).

Script 10.8: http-server-2.py(linhas 6-27)

```
class MeuHandler(http.server. BaseHTTPRequestHandler):
    def do_GET(self):
        try:
            self.send_response(200)
            self.send_header( "Content-type", "text/html")
            self.end_headers()
            self.wfile.write( bytes("FUNCIONOU!", "utf-8"))
            return
        except:
            raise

    def do_HEAD(self):
        try:
            self.send_response(200)
            self.send_header( "Content-type", "text/html")
            self.end_headers()
            return
        except:
            raise

PORT = 8080
Handler = MeuHandler
```

Indo mais além, muitas vezes será necessário que o *script* processe dados enviados por requisições `GET`. Para isso, o método `do_GET` do *script* 10.8 pode ser substituído pelo mesmo método mostrado no *script* 10.9.

Script 10.9: http-server-3.py(linhas 8-19)

```
    def do_GET(self):
        try:
            print( self.path)
            print( urllib.parse.urlparse( self.path))
            print( "QUERY=", urllib.parse.urlparse( self.path)[4])
            self.send_response(200)
            self.send_header( "Content-type", "text/html")
            self.end_headers()
            self.wfile.write( bytes("FUNCIONOU!", "utf-8"))
            return
        except:
            raise
```

Como exemplo de execução, suponha que o *script* do servidor seja executado, e, com o navegador, o usuário tente acessar o link:

```
http://localhost:8082/?teste=123&local=casa
```

O resultado será:

```
/?teste=123&local=casa
ParseResult(scheme='', netloc='', path='/', params='', query='teste=123&
local=casa', fragment='')
QUERY= teste=123&local=casa
```

Por fim, algo semelhante pode ser realizado com requisições POST. o *script* 10.10 mostra um exemplo de implementação do método do_POST, com saída bem semelhante ao método do_GET do *script* 10.9.

Script 10.10: http-server-4.py(linhas 30-41)

```
    def do_POST(self):
        try:
            length = int(self.headers[ 'Content-Length'])
            post_data = urllib.parse.parse_qs( self.rfile.read(
                length).decode('utf-8'))
            print (post_data)
            self.send_response(200)
            self.send_header( "Content-type", "text/html")
            self.end_headers()
            self.wfile.write( bytes("FUNCIONOU!", "utf-8"))
            return
        except:
            raise
```

Exercício 10.1. Faça um *script* que leia uma página html e conte quantas palavras existem na página. Para facilitar, considere os *tags* HTML (códigos HTML) como palavras.

Exercício 10.2. Faça um *script* que leia uma página html e liste quais as palavras existentes na página (sem repetição).

Exercício 10.3. Faça um *script* que leia uma página html e liste quais as palavras existentes na página (sem repetição) e quantas vezes elas aparecem na página.

Exercício 10.4. Faça um *script* que leia uma página html e escreva a palavra que aparece com maior frequência.

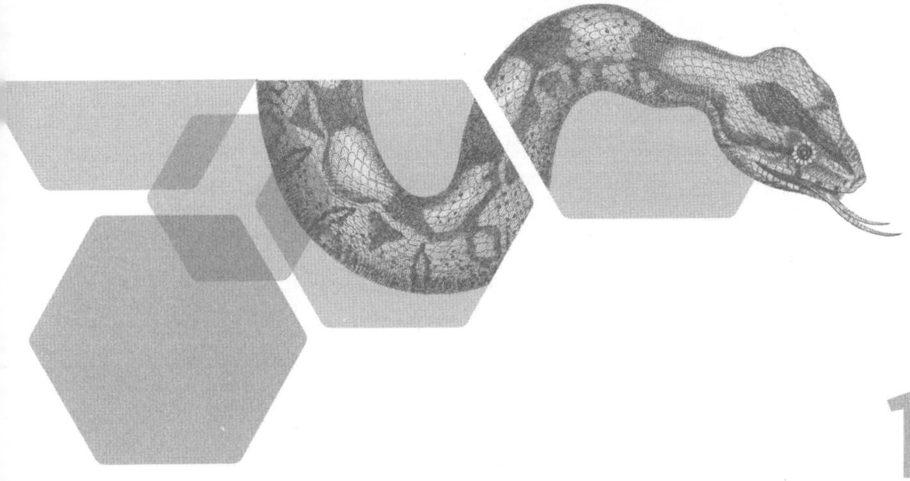

11

Bases de dados

Um *software* muito comum em várias aplicações - principalmente em aplicações distribuídas (como, por exemplo, aplicações WEB) é o *Servidor de Banco de Dados.*[1] Esse programa tem como principal objetivo armazenar e manipular blocos de informações conforme comandos enviados pelos clientes.

A maior vantagem no uso de bases de dados é que não precisamos nos preocupar com uso de memória, redimensionamento de vetores, e outras coisas parecidas. Para nós (no caso, o cliente de Banco de Dados), basta formar um punhado de comandos em linguagem SQL e enviar ao servidor. E o servidor gerencia todos os dados e nos retorna apenas o que precisamos.

Conforme mostrado na Figura 11.1, um servidor de banco de dados gerencia um conjunto de *bases de dados.* O padrão comum no mercado (mas não obrigatório) é que um conjunto de aplicações se utilizem de um mesmo servidor, porém tenham acesso apenas a um conjunto restrito de bases. Cada base de dados possui uma ou mais **tabelas**, onde os dados são armazenados.

Neste capítulo, iremos mostrar como é simples ao Python acessar bases de dados. A Seção 11.1 mostra como fazer a instalação do servidor de banco de dados `MySQL` em seu ambiente de desenvolvimento. A Seção 11.2 usa esse ambiente para exemplificar o uso do Python para se comunicar com o MySQL.

11.1 • *Setup* inicial

11.1.1 • O servidor de banco de dados

Esta seção é necessária se você não tem acesso a um servidor de banco de dados. Se você já tem instalado o servidor, garanta que ele está sendo executado e passe para a etapa seguinte.

[1]Se você está com dúvidas sobre o que é um cliente e o que é um servidor, consulte a Seção 9.1.

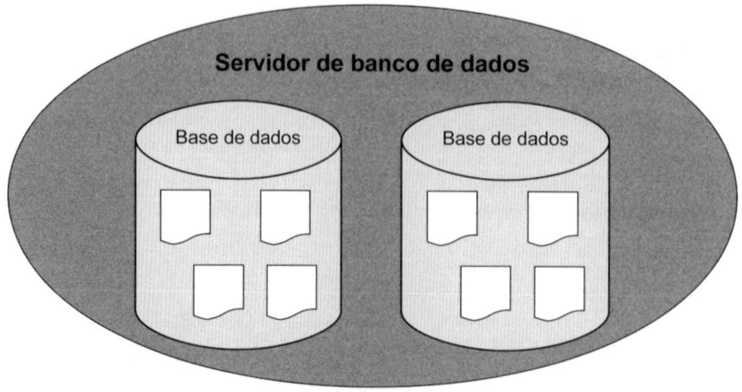

Figura 11.1. Servidores de Banco de Dados, Bases de Dados e Tabelas.

Existem vários servidores de bases de dados, assim como várias formas de instalá-los. Um servidor de banco de dados muito comum - e gratuito - é o MySQL.[2] Para efeitos de desenvolvimento, a comunidade *open-source* criou o projeto XAMPP, que disponibiliza em uma única instalação elementos úteis como um servidor de banco de dados (MySQL), servidor WEB (Apache) e um sistema de gerenciamento de base de dados (PhpMyAdmin). Se você nunca instalou nenhum servidor de base de dados, esse pacote é um bom lugar para começar. Para isso, visite o site do Xampp em http://www.apachefriends.com e faça o download da versão apropriada para seu computador. Após a instalação, execute o Xampp e inicie os servidores. Na versão Windows, basta clicar em `start` nos botões correspondentes (veja a Figura 11.2). Na versão Linux, basta executar o comando `sudo /opt/lampp/lampp start` no terminal.

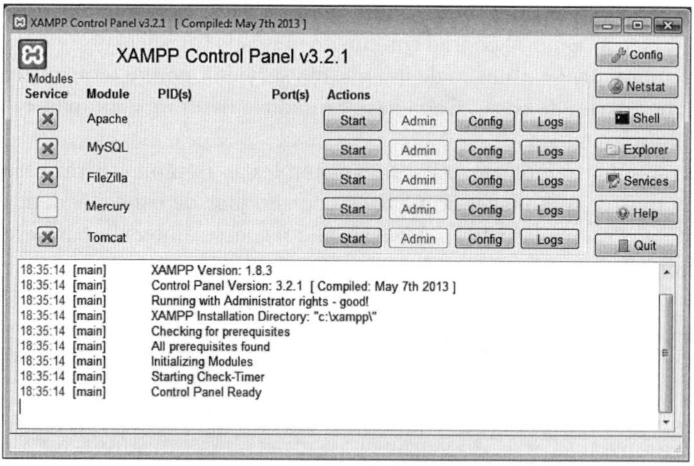

Figura 11.2. A tela inicial do XAMPP para Windows.

[2] http://www.mysql.org

Testando a instalação e execução dos servidores

Após realizar a instalação dos servidores (e os inicializado), tenha certeza de que o Xampp os mostra como executados (ver Figura 11.3 para a versão Windows e 11.4 para a versão Linux). Uma vez que eles tenham sido inicializados, a forma mais simples de verificar se está tudo ok é acessar `http://localhost`. Para acessar o gerenciador de base de dados PhpMyAdmin, clique no link `phpMyAdmin`. Se você consegue chegar até a págiga do PhpMyAdmin, tudo está funcionando corretamente!

> Dica: se você está tendo problemas para inicializar o Apache (servidor WEB), busque por programas que estão sendo executados no seu computador. Às vezes, temos *softwares* sendo executados que se utilizam da porta `80`, requerida pelo Apache. Um bom exemplo de aplicação que usa a porta `80` é o `Skype`!

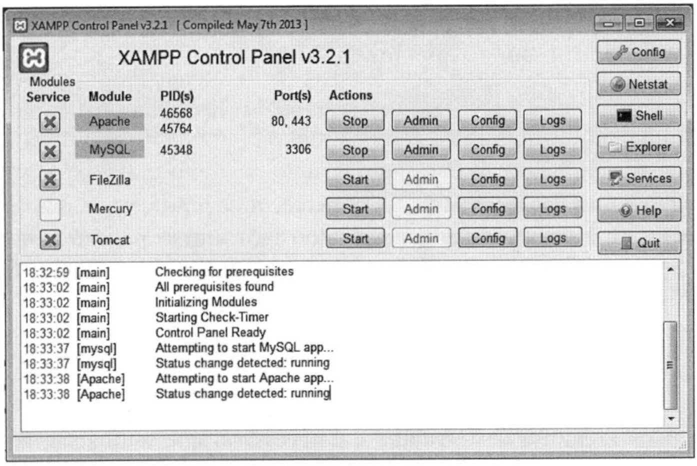

Figura 11.3. O Xampp indicando que o Apache e o MySQL estão sendo executados no Windows.

Figura 11.4. O Xampp indicando que o Apache e o MySQL estão sendo executados no Linux.

11.1.2 • O MysqlConnector

O próximo passo é instalar a biblioteca Python que permite que seu código acesse o servidor MySQL. Para isso, a forma mais direta é visitando a página do MySQL[3] e fazendo o *download* do arquivo executável correspondente ao seu computador.

O problema é que às vezes a forma mais direta não funciona...

Às vezes (como no caso de sistemas Linux), podemos ter várias versões do Python instaladas. Ao tentar instalar o MySQLConnector nesses casos, pode ser que as bibliotecas sejam instaladas em versões diferentes da 3.4. Para resolver esse problema, faça o download da versão `Platform Independent` e siga os seguintes passos (os comandos a seguir foram testandos no Linux Mint):

1. Descompacte os arquivos
   `tar -xvf mysql-connector-python-2.1.3.tar.gz`
2. Execute o *script* de *setup* usando a versão escolhida do Python
   `sudo python3.4 setup.py install`

Verificando a instalação

Para verificar se a instalação do MySQLConnector foi bem-sucedida, execute o Python em modo iterativo e digite `import mysql` (ou faça um *script* com esse comando e execute-o). Se o interpretador do Python não retornar erro, a biblioteca foi instalada com sucesso!

11.1.3 • Criando um *playground* para os exemplos deste capítulo

Para executar os exemplos deste capítulo, é necessário que seu banco de dados possua uma estrutura mínima como exemplo. Para isso, vamos usar o código 11.1. Essa listagem traz um conjunto de comandos em linguagem SQL[4] que cria uma base de dados(`testePython`) e duas tabelas (`TB001_Cores` e `TB002_Produtos`). Para executar esse código no MySQL, a forma mais simples é iniciar o PhpMyAdmin, clicar na aba "SQL" e inserir o código. A Figura 11.5 mostra o PhpMyAdmin imediatamente antes de ser executado.

Script 11.1: tabelasExemplo.sql

```sql
CREATE DATABASE `testePython`;

USE `testePython`;

CREATE TABLE IF NOT EXISTS `TB001_Cores` (
`C001_ID` int(11) NOT NULL,
```

[3]https://dev.mysql.com/downloads/connector/python/

[4]A linguagem SQL é a linguagem padrão adotada pela esmagadora maioria dos bancos de dados.

```
  `C001_Nome` varchar(50) NOT NULL
) ENGINE=InnoDB DEFAULT CHARSET=latin1;

CREATE TABLE IF NOT EXISTS `TB002_Produtos` (
`C002_ID` int(11) NOT NULL,
  `C001_ID` int(11) NOT NULL,
  `C002_Nome` varchar(50) NOT NULL
) ENGINE=InnoDB DEFAULT CHARSET=latin1;

ALTER TABLE `TB001_Cores`
 ADD PRIMARY KEY (`C001_ID`);

ALTER TABLE `TB002_Produtos`
 ADD PRIMARY KEY (`C002_ID`);

ALTER TABLE `TB001_Cores`
MODIFY `C001_ID` int(11) NOT NULL AUTO_INCREMENT;

ALTER TABLE `TB002_Produtos`
MODIFY `C002_ID` int(11) NOT NULL AUTO_INCREMENT;
```

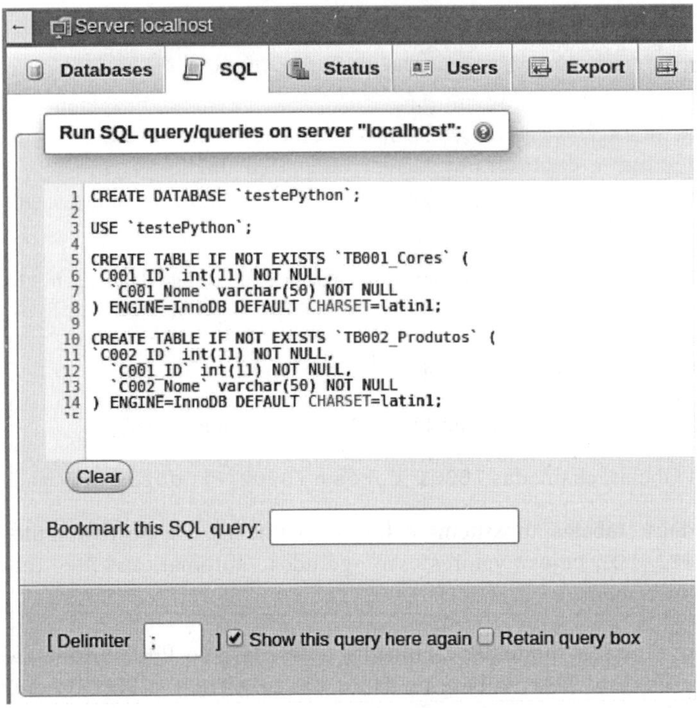

Figura 11.5. Trecho da listagem 11.1 pronto para ser executado no PhpMyAdmin.

Após a execução, o PhpMyAdmin mostra o resultado da execução (Figura 11.6).

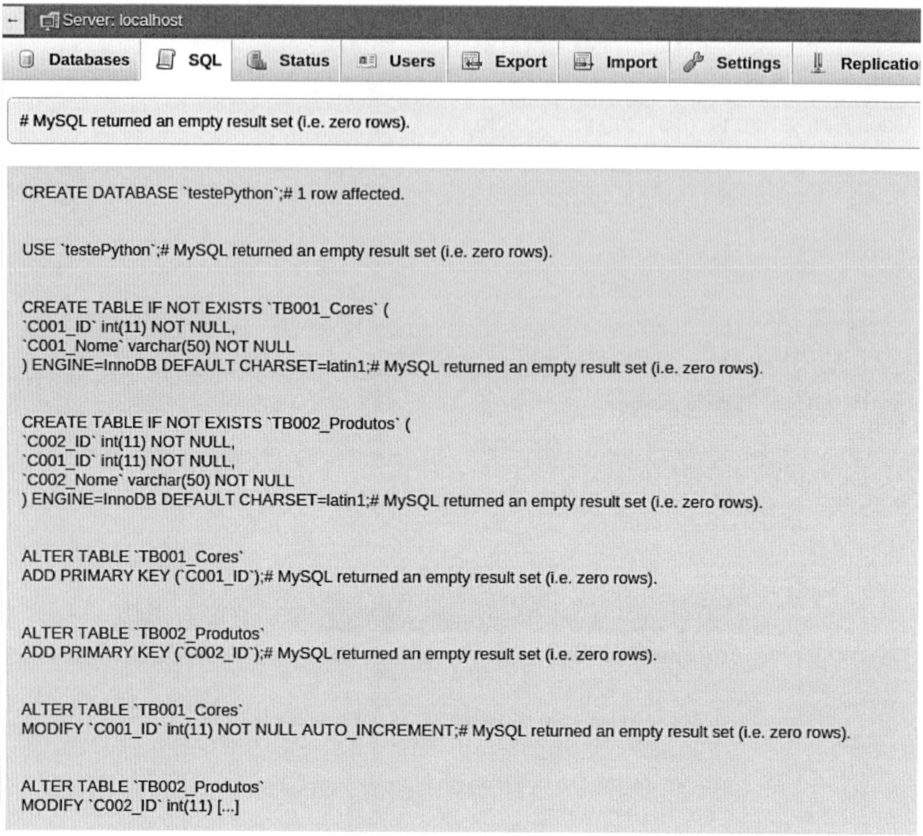

Figura 11.6. O PhpMyAdmin após a execução do código da listagem 11.1.

Em resumo, esse código faz o seguinte:

- Uma base de dados chamada `testePython` é criada
- Duas tabelas, chamadas `TB001_Cores` e `TB002_Produtos` são criadas.
- As duas tabelas possuem colunas chamadas, respectivamente, `C001_ID` e `C002_ID`, cujos valores são gerados automaticamente (inteiros com auto-incremento).

A base de dados pode ser facilmente acessada pelo PhpMyAdmin ao clicar na aba "Databases". Ao clicar na base de dados `testePython`, o PhpMyAdmin mostra o conteúdo da base, conforme a Figura 11.7.

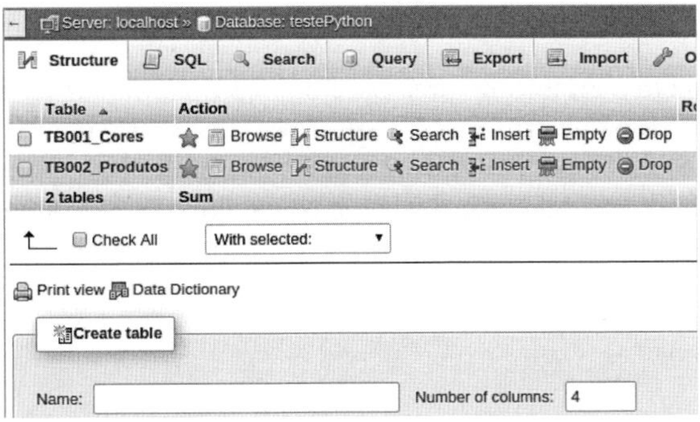

Figura 11.7. Visualizando a base de dados testePython.

11.2 • Trocando informações entre Python e MySQL

A partir de agora, vamos supor que você possui acesso a um servidor de banco de dados, e que possui a estrutura de base de dados e tabelas descritas na Seção 11.1.3.

A seguir, iremos explicar rapidamente alguns comandos SQL. Note que não é um curso exaustivo da linguagem SQL - isso fugiria ao conceito do livro. Se você já conhece essa linguagem, pule direto para a Seção 11.2.2.

11.2.1 • Introdução rápida ao SQL - INSERT, UPDATE, DELETE e SELECT

São quatro as operações básicas para manipulação de dados em uma base SQL: `INSERT` (que insere novas linhas em tabelas), `UPDATE` (que altera informações em linhas de tabelas), `DELETE` (que remove linhas de tabelas) e `SELECT` (que traz um conjunto de dados especificados). A sintaxe dos comandos é a seguinte:

Comando INSERT:

```
INSERT INTO <nome-da-tabela> (campo1, campo2, ...) VALUES <valor1>, <valor2>, ...;
```

Comando UPDATE:

```
UPDATE <nome-da-tabela> SET <nome-do-campo>=<novo-valor> WHERE <condição>;
```

Comando DELETE:

```
DELETE FROM <nome-da-tabela> WHERE <condição>;
```

Comando SELECT:

```
SELECT <lista-de-campos> FROM <nome-da-tabela> WHERE <condição>;
```

Um exemplo do uso dos comandos SQL

A Seção 11.1.3 sugere a criação de uma base de dados com duas tabelas: `T001_Cores` e `T002_Produtos`. Nessa estrutura, a tabela `T001_Cores` foi pensada para armazenar uma lista de nomes de cores. O *script* 11.2 usa o comando `INSERT` para inserir alguns registros nessa tabela. Após a execução desse comando, o PhpMyAdmin pode ser usado para mostrar o conteúdo dessa tabela, conforme mostrado na Figura 11.8.

Script 11.2: adicionaCores.sql

```
INSERT INTO TB001_Cores (C001_Nome) VALUES ("Azul"), ("Amarel"),
    ("Vermelho"), ("Belo Horizonte")
```

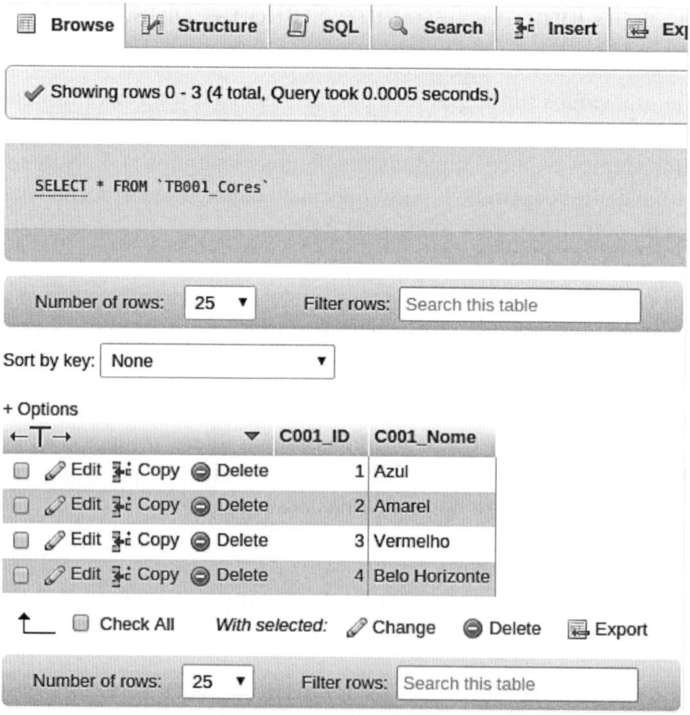

Figura 11.8. A listagem da tabela C001_Cores após a execução do comando INSERT.

O próximo passo é corrigir a linha 2, onde está escrito "Amarel" em vez de "Amarelo". Para isso, usamos o comando `UPDATE`, conforme mostrado no *script* 11.3.

Script 11.3: atualizaCores.sql

```
UPDATE TB001_Cores SET C001_Nome="Amarelo" WHERE C001_ID=2
```

Revendo a Figura 11.8, percebemos que existe uma linha com o nome "Belo Horizonte". Para removê-la, usamos o código do *script* 11.4.

Script 11.4: removeCores.sql

```
DELETE FROM TB001_Cores WHERE C001_ID=4
```

O comando SELECT pode ser usado para trazer todo o conteúdo da tabela `T001_Cores`, conforme *script* 11.5.

Script 11.5: selecionaCores.sql

```
SELECT * FROM TB001_Cores
```

Um uso muito frequente do uso do comando SELECT é a capacidade de unir tabelas com o `INNER JOIN`. Para ilustrar, primeiro vamos inserir alguns dados na tabela `C002_Produtos`. Isso é realizado no *script* 11.6.

Script 11.6: adicionaTab002.sql

```
INSERT INTO TB002_Produtos (C001_ID, C002_Nome) VALUES (2, "Produto
    1"), (3, "Produto 2");
```

Na tabela `T002_Produtos`, existe uma coluna C001_ID, que é uma *referência* para a tabela `T001_Cores`. Com isso, conseguimos identificar as cores dos produtos apenas com o `ID`. Porém, com a ajuda do comando SELECT, é possível trazer a *junção* de todas as tabelas. O comando que faz essa junção é mostrado no *script* 11.7. O resultado é mostrado na Figura 11.9.

Script 11.7: exemploInnerJoin.sql

```
SELECT * FROM TB002_Produtos INNER JOIN TB001_Cores ON
    TB002_Produtos.C001_ID = TB001_Cores.C001_ID
```

C002_ID	C001_ID	C002_Nome	C001_ID	C001_Nome
1	2	Produto 1	2	Amarelo
2	3	Produto 2	3	Vermelho

Figura 11.9. O resultado da execução do *script* 11.7.

Note que esse é apenas uma das inúmeras variações do uso do comando SELECT. Se você pretende trabalhar com bases de dados mais seriamente, é altamente recomendável que você estude a linguagem SQL mais profundamente!

11.2.2 Enviando comandos INSERT, UPDATE e DELETE via Python

O procedimento para usar o Python para executar os comandos `INSERT`, `UPDATE` e `DELETE` é muito similar. Os passos são:

1. Importe o `mysql.connector`
2. Estabeleça a conexão entre o Python (que age como cliente) e o servidor de banco de dados. Se você está usando as configurações padrão do XAMPP, use as configurações mostradas na linha 2 do *script* 11.8.
3. Crie um objeto `cursor`. Um `cursor` é uma estrutura comum em aplicações que se utilizem de base de dados, e é responsável por "canalizar" todas as operações a serem realizadas pelo servidor. Isso é realizado na linha 4.
4. Usando o `cursor`, execute o comando SQL apropriado (linha 5).
5. Após realizar as alterações necessárias, informe ao servidor SQL que deve aceitar as alterações. Isso é realizado por meio do método `commit`, na linha 6.
6. Quando não houver mais necessidade de uso do cursor, o feche. Faça o mesmo com a conexão (linhas 7 e 8).

Script 11.8: insert.py

```
1 import mysql.connector
2 cnx = mysql.connector.connect(user='root', password='',
      host='127.0.0.1', database='testePython')
3 query = ("INSERT INTO TB001_Cores (C001_Nome) VALUES ('Verde')")
4 cursor = cnx.cursor()
5 cursor.execute(query)
6 cnx.commit()
7 cursor.close()
8 cnx.close()
```

A Figura 11.10 mostra o estado da tabela TB001 após executar o *script* 11.8.

←T→				C001_ID	C001_Nome
☐	Edit	Copy	Delete	1	Azul
☐	Edit	Copy	Delete	2	Amarelo
☐	Edit	Copy	Delete	3	Vermelho
☐	Edit	Copy	Delete	5	Verde

Figura 11.10. Resultados da tabela TB001_Cores após a execução do *script* 11.8.

Os *scripts* 11.9 e 11.10 mostram, respectivamente, um exemplo do uso dos comandos UPDATE e DELETE.

Script 11.9: update.py

```
import mysql.connector
cnx = mysql.connector.connect(user='root', password='',
    host='127.0.0.1', database='testePython')
query = ("UPDATE TB002_Produtos SET C001_ID=3 WHERE C002_ID=1")
cursor = cnx.cursor()
cursor.execute(query)
cnx.commit()
cursor.close()
cnx.close()
```

Script 11.10: delete.py

```
import mysql.connector
cnx = mysql.connector.connect(user='root', password='',
    host='127.0.0.1', database='testePython')
query = ("UPDATE TB002_Produtos SET C001_ID=3 WHERE C002_ID=1")
cursor = cnx.cursor()
cursor.execute(query)
cnx.commit()
cursor.close()
cnx.close()
```

11.2.3 O comando SELECT e o retorno de informações para o Python

O procedimento para executar o comando SELECT na base de dados é muito semelhante aos demais (veja o exemplo no *script* 11.11). A única diferença é que, após o comando `execute`, o resultado é obtido por meio do método `fetchall()` (linha 6). Esse comando carrega todas as linhas ainda não lidas para uma lista (no caso, armazenada em `results`). Caso não exista nenhuma linha não lida - ou se o comando SELECT não retornou nenhuma linha - o resultado de `fetchall` é uma lista vazia. O resultado da execução do *script* é mostrado na Figura 11.11.

Script 11.11: select.py

```
1  import mysql.connector
2  cnx = mysql.connector.connect(user='root', password='',
       host='127.0.0.1', database='testePython')
3  query = ("SELECT * FROM TB002_Produtos")
4  cursor = cnx.cursor()
5  cursor.execute(query)
6  results = cursor.fetchall()
7  cursor.close()
8  print("O resultado final é:")
9  print(results)
10 print("\nEscrevendo apenas o nome dos produtos encontrados:")
11 for linha in results:
12     print (linha[2])
13 cnx.close()
```

```
O resultado final é:
[(1, 3, 'Produto 1'), (2, 3, 'Produto 2')]

Escrevendo apenas o nome dos produtos encontrados:
Produto 1
Produto 2
```

Figura 11.11. Resultado da execução do *script* 11.11.

Existem outras formas de se obter as informações de um comando SELECT. Dois métodos muito úteis são o `fetchone` e o `fetchmany`.

Usando o `fetchone()`

O *script* 11.12 mostra um exemplo do uso do método `fetchone()`. Esse método retorna a próxima linha não lida do retorno do SELECT. Esse *script* se diferencia do anterior a partir da linha 6. Na linha 6, o próximo registro é lido. Se não houver registro, o retorno é `None`. O próximo registro é lido na linha 9 e o laço definido pela instrução `while` da linha 7 continua enquanto existirem linhas não lidas (ou seja, o resultado é diferente de `None`). O resultado do *script* é mostrado na Figura 11.12.

Script 11.12: select:fetchone.py

```
1  import mysql.connector
2  cnx = mysql.connector.connect(user='root', password='',
       host='127.0.0.1', database='testePython')
3  query = ("SELECT * FROM TB002_Produtos")
4  cursor = cnx.cursor()
5  cursor.execute(query)
6  results = cursor.fetchone()
7  while results is not None:
8      print (results)
9      results = cursor.fetchone()
10 cursor.close()
11 cnx.close()
```

```
(1, 3, 'Produto 1')
(2, 3, 'Produto 2')
```

Figura 11.12. Resultado da execução do *script* 11.12.

Usando o `fetchmany(x)`

Às vezes, quando trabalhamos com tabelas muito grandes, é interessante trabalhar com vários registros de cada vez, mas sem trazê-los todos para a memória ao mesmo tempo. Para isso, podemos utilizar o método `fechmany`. O *script* 11.13 mostra como usar esse método para tratar 5 registros de cada vez.

Script 11.13: select:fetchmany.py

```
import mysql.connector
cnx = mysql.connector.connect(user='root', password='',
    host='127.0.0.1', database='testePython')
query = ("SELECT * FROM TB002_Produtos")
cursor = cnx.cursor()
cursor.execute(query)
results = cursor.fetchmany(5)
while results:
    print (results)
    results = cursor.fetchmany(5)
cursor.close()
cnx.close()
```

Exercício 11.1. Considere o seguinte arquivo abaixo com os atributos de nome e idade:

Tavares; 49
Fábio; 83
Juliana; 75
Roberto; 41
Fabiana; 40
Romelia; 37

Faça um *script* que lê esse arquivo e insere os dados em uma tabela "TAB_Idades" no banco de dados.

Exercício 11.2. Considerando a tabela do exercício anterior, faça um programa que lê um valor numérico "n" do teclado e mostra o nome das pessoas com "idade" seja maior ou igual a "n".

Exercício 11.3. Ainda considerando a tabela anterior, faça um *script* que lê o nome e a idade de uma pessoa e insira esses dados na tabela do exercício anterior.

Exercício 11.4. Ainda considerando a tabela anterior, faça um *script* que lê um número "n" e um texto "t" do teclado, e atualiza o valor do campo "idade" da tabela anterior, fazendo "idade"="n" onde "Nome" = "t".

Índice alfabético

2022/1